Warum wir Filme schauen – und
wie sie uns verändern

Rudolf Pölking

Warum wir Filme schauen – und wie sie uns verändern

Rudolf Pölking
Maikammer, Deutschland

ISBN 978-3-662-71553-6   ISBN 978-3-662-71554-3 (eBook)
https://doi.org/10.1007/978-3-662-71554-3

Die Deutsche Nationalbibliothek verzeichnet diese Publikation in der Deutschen Nationalbibliografie; detaillierte bibliografische Daten sind im Internet über https://portal.dnb.de abrufbar.

© Der/die Herausgeber bzw. der/die Autor(en), exklusiv lizenziert an Springer-Verlag GmbH, DE, ein Teil von Springer Nature 2025

Das Werk einschließlich aller seiner Teile ist urheberrechtlich geschützt. Jede Verwertung, die nicht ausdrücklich vom Urheberrechtsgesetz zugelassen ist, bedarf der vorherigen Zustimmung des Verlags. Das gilt insbesondere für Vervielfältigungen, Bearbeitungen, Übersetzungen, Mikroverfilmungen und die Einspeicherung und Verarbeitung in elektronischen Systemen.
Die Wiedergabe von allgemein beschreibenden Bezeichnungen, Marken, Unternehmensnamen etc. in diesem Werk bedeutet nicht, dass diese frei durch jede Person benutzt werden dürfen. Die Berechtigung zur Benutzung unterliegt, auch ohne gesonderten Hinweis hierzu, den Regeln des Markenrechts. Die Rechte des/der jeweiligen Zeicheninhaber*in sind zu beachten.
Der Verlag, die Autor*innen und die Herausgeber*innen gehen davon aus, dass die Angaben und Informationen in diesem Werk zum Zeitpunkt der Veröffentlichung vollständig und korrekt sind. Weder der Verlag noch die Autor*innen oder die Herausgeber*innen übernehmen, ausdrücklich oder implizit, Gewähr für den Inhalt des Werkes, etwaige Fehler oder Äußerungen. Der Verlag bleibt im Hinblick auf geografische Zuordnungen und Gebietsbezeichnungen in veröffentlichten Karten und Institutionsadressen neutral.

Springer ist ein Imprint der eingetragenen Gesellschaft Springer-Verlag GmbH, DE und ist ein Teil von Springer Nature.
Die Anschrift der Gesellschaft ist: Heidelberger Platz 3, 14197 Berlin, Germany

Wenn Sie dieses Produkt entsorgen, geben Sie das Papier bitte zum Recycling.

Vorwort

Womit verbringen Sie wie viel Zeit? Nehmen wir Ihre Freizeit. Wie viele Stunden Ihrer Freizeit haben Sie in den letzten zwölf Monaten mit Gesprächen mit anderen Menschen verbracht? Und wie viel Zeit haben sie darauf verwendet, Filme anzuschauen? Die meisten von uns verbringen deutlich mehr Freizeit mit dem Anschauen von Filmen als mit Gesprächen mit anderen Menschen. Darüber, wie wir die Kommunikation mit unseren Mitmenschen gestalten können bzw. sollten, gibt es eine schier unüberschaubare Flut an Veröffentlichungen. Aber über das, was uns wirklich viel Zeit kostet, nämlich das Ansehen von Filmen, existieren abgesehen von speziellen Untersuchungen wie zum Beispiel, ob das Anschauen gewalterfüllter Filme uns aggressiver macht oder nicht, nur sehr wenige Publikationen. Dieses Buch versucht deshalb, aus psychologischer Sicht alle Aspekte abzudecken, die Antworten auf die beiden zentralen Fragen geben:

**Warum schauen Menschen so gerne Filme an?
Welche Auswirkungen haben Filme auf uns, wie verändern sie uns?**

Die Antworten auf diese bisher unzureichend behandelten Fragestellungen sind der Grund, warum dieses Buch geschrieben wurde. Sie sind bildlich gesprochen die linke und rechte Herzkammer dieses Buches.

Ergänzend geht dieses Buch auf folgende Themen ein:

Wie können Sie erkennen, was die Filme, die Sie auswählen, über Sie aussagen?
Welche Rolle spielt der äußere Rahmen beim Filmgenuss?
Wie wird die steigende Bedeutung der Filmwelten unsere Gesellschaft und unser gesellschaftliches Miteinander verändern?

Meiner Prägung durch meinen Hochschullehrer und C. G.-Jung-Schüler Professor Alf Däumling entsprechend gehe ich synoptisch vor. Nicht nur die Erkenntnisse der Psychoanalyse, sondern alle Erkenntnisse der Psychologie, die bei der Beantwortung der Fragestellungen helfen, egal ob tiefenpsychologisch, sozialpsychologisch oder aus anderen modernen Ansätzen der psychologischen Forschung resultierend, nutze ich. Der Tradition der Deutschen Gesellschaft für Sozialanalytische Forschung (DGSF), deren Vorstand ich bin, folgend werde ich zusätzlich auf die sozialanalytischen und sozialwissenschaftlichen Aspekte fokussieren.

Maikammer, Deutschland   Rudolf Pölking

Inhaltsverzeichnis

1	**Die Wurzeln unserer Filmwelten**	1
	Das Lagerfeuer der Jetztzeit: Der Kinosaal?	2
	Reaktionen des Publikums während der Filmbetrachtung	5
	Literatur	8
2	**Wieso schauen wir Filme an?**	9
	Der Urgrund aller Gründe, warum wir gerne Filme betrachten	10
	Auf Sigmund Freud zurückgehende Gründe für Filmgenuss	12
	Weitere tiefenpsychologische Ansätze	15
	Aus der Menschheitsgeschichte entstandene Gründe	24
	Filme als Hilfsmittel zur Selbststeuerung	28
	Körperliche Gründe als Antrieb für Filmgenuss	32
	Aus der frühen Kindheit stammende Ursachen für Filmgenuss	40
	Intellektuelle Auslöser für Filmgenuss	45
	Weitere, flankierende situative Gründe	47

Warum zieht es uns immer wieder zum
Anschauen von Filmen? 48
   Exkurs: Film und Musik 53
   Exkurs: Gemeinsam ins Kino 55
Der Blick nach innen: Filme als Möglichkeit,
mehr Klarheit über sich selbst zu gewinnen? 56
   Exkurs: Film und Gesellschaft 61
Literatur 64

3 Mediensucht 69
Gruppeneffekte 75
Fazit 77
Literatur 80

4 Wie verändert uns das Anschauen eines Spielfilms? 83
Der Film als seelisches Reinigungs- und
Erholungsbad für die Seele 85
Filme als Realitätsformer 87
Modellernen 90
Prägung durch Identifikation und Sympathie 91
Aufbau von Hornhaut 93
Filme als Quelle „hypnotischer Befehle" 94
Filme als gesellschaftlicher Stimmungsaufheller .. 97
Filme als Stabilisators für die bestehende
gesellschaftliche Ordnung 98
Die Unterlassungswirkung 99
Wie leicht ist es zu bemerken, ob Filme uns
verändern? 100
Literatur 102

5 Filmwelten: Urszenen einer Zeitenwende? 105
Die Urszene 105
Die Zeitenwende 109
Fazit und Ausblick 111
Literatur 114

6 Erweiterungen und Epiloge 115
Erweiterung: Für immer mein 115
Leitfragen für den Dialog mit anderen über Filmwelten 116
Epilog 1: Witz und Film 117
Epilog 2: Psychoanalyse und Kino 117
Epilog 3: Das Dilemma der psychoanalytischen und tiefenpsychologischen Filmtheorie 119

ID# 1

Die Wurzeln unserer Filmwelten

In der zwei Millionen Jahre umfassenden Geschichte der Menschheit gibt es vier Meilensteine, denen sie ihren Erfolg zu verdanken hat: erstens der Gebrauch von Lauten zur Verständigung, zweitens die Nutzung der Werkzeuge, drittens vor circa 400.000 Jahren die Zähmung des Feuers. Und schließlich als Viertes, vor circa 50.000 Jahren, das, was der Turbo in der Entwicklung des Menschen war: die Fähigkeit, Realität gedanklich und sprachlich zu simulieren und damit einhergehend die Möglichkeit, Geschichten zu erzählen und zu erfinden.

Die durch die letztgenannte Fähigkeit ermöglichte Urszene dürfte wie folgt ausgesehen haben: Um das angenehm wärmende, abendliche Lagerfeuer sitzt die Gruppe der Jäger und Sammler. In dieser friedvollen Atmosphäre erhebt einer das Wort und erzählt, was er erlebt hat. Wie – sozusagen archetypisch tiefgehend – dieses Erlebnis war, verdeutlicht sehr anschaulich Peter Sloterdijk in seinem Buch „Sphären": „… Eine Urversammlung um ein gehegtes Feuer – ein Ring von Menschen um das, was später (wenn

Kessel und Töpfe hinzukommen) der Herd heißen wird – und zugleich die paradigmatische Erfahrung, dass die Strahlungswärme sich um die Glutmitte nach allen Seiten gleichmäßig ausbreitet, sodass die Versammelten, solange sie nur einen *einzigen* Ring ums Feuer bilden, nie als Konkurrenten um die schöne commoditas aneinandergeraten müssen. Kommt die Strahlung allen zugute, so bedeutet sie unmittelbare Solidarität. Tritt jemand hinzu, dann so, dass man ihm Platz macht in dem einen Ring. Wird der egalitäre Ring so groß, dass niemand mehr profitiert, erlischt der Zauber, und vor der frostigen Unzufriedenheit werden alle gleich. Müssen sich aber Wärmekandidaten hintenanstellen, entsteht die thermische Klassengesellschaft" (Sloterdijk, 1999, S. 233).

Das Lagerfeuer der Jetztzeit: Der Kinosaal?

Es ist deutlich: In der Dunkelheit gemeinsam an einer Lichtquelle sitzen, findet einen starken Widerhall in uns Menschen; erst recht, seitdem die vielen kleinen Kartoffel- und Osterfeuer mehr und mehr verschwinden. Begeben wir uns nun also gemeinsam an das Lagerfeuer der Jetztzeit, den Kinosaal:

- **Der Kinosaal ist dunkel**
  Dies ermöglicht die Rückkehr in wohlige Vergangenheiten und, wie es manche Tiefenpsychologen beschreiben, in den mütterlichen Uterus.
- **Der Kinosaal ist reizarm**
  Dies fördert die Offenheit für Sinnesreize.
- **Der Kinosaal stellt einen geschützten Raum dar**
  Dies vermittelt ein Gefühl der Sicherheit und fördert die Bereitschaft, sich auf den Film einzulassen.

- **Die Stühle im Kino sind bequem**
  Sie sind nicht nur bequem, sondern sehr wuchtig und fördern das bewegungslose Sitzen.
  Die Bewegungsarmut erleichtert die volle Konzentration auf das, was die Leinwand zeigt. (Man wird wenig durch den eigenen Körper abgelenkt, was etwa der Fall ist, wenn man sich bewegt.)
- **Das ganze Ambiente ähnelt der urzeitlichen Lagerfeuer-Situation**
  Dies aktiviert den epigenetisch, also durch Vererbung, in uns verankerten Archetyp des Lagerfeuers (Pölking, 2020, S. 58).

Die oben aufgeführten Elemente treten in sehr unterschiedlichen Konstellationen auf. Manche Lichtspielhäuser (was für ein wunderschönes, aus der Mode gekommenes Wort für „Kino") achten auf totale Dunkelheit, manche mehr auf die sehr gute Sichtbarkeit der Türen und diverser Notausgangsbeleuchtungen und -hinweise.

Zusätzlich kann der unbefangene Kinobesucher noch auf ganz andere Phänomene treffen. Unter anderem schaute ich mir für dieses Buch in einem großen Lichtspielhaus in Berlin den Film „Black Panther: Wakanda Forever" an. Mit Ende 60 war ich augenscheinlich der älteste Besucher. Als es in dem gut besuchten Saal dunkel wurde, geschah etwas, was mich sehr irritierte: Ein merkwürdiges Knirschen erfüllte den ganzen Kinosaal. Die Ursache hierfür? Das Zermalmen von Popcorn, das in diesem Kino anscheinend begehrt und preiswert war. Schumacher (2021, S. 38) schildert dies in seinem Buch „Panorama des Unbewussten" allerdings wesentlich positiver, als ich es deute. Er schreibt: „… die nährende Muttermilch wird durch Popcorn und Softdrinks ersetzt."

Es gibt Fachleute, welche die Meinung vertreten, dass Essen während des Kinogenusses die Regression und auch die Bereitschaft, den Film auf sich wirken zu lassen, fördert. Allerdings sollte man diese Auffassung nicht vorschnell teilen: Die mit dem Essen verbundenen Handbewegungen und die auf das Essen verwendete Aufmerksamkeit schwächen die Filmschautrance. Andererseits ist es denkbar, dass nach dem Verzehr des gesamten Speisevorrats der gefüllte Magen, das wohlige Gesättigtsein, die Passivität fördert und der Zuschauer sich somit noch entspannter dem Filmerlebnis hingeben kann.

Aber es bedarf, meiner Ansicht nach, nicht des Kinosaals, um in diese Filmschautrance zu versinken. Dies geht auch in der wohligen, zumindest leicht abgedunkelten Atmosphäre des eigenen Wohnzimmers. Die Bewegungsarmut und der Umstand, dass Filme uns meist so in Beschlag nehmen, dass wir alle Reize um uns herum vergessen, führen auch im häuslichen Bereich dazu, dass wir ganz und gar in das Filmgeschehen eintauchen.

Dass das heimische Filmerlebnis auch ganz anders bewertet werden kann, bezeugen die Aussagen mancher Akteure aus dem Filmgeschäft. Einer, der sich sehr kritisch geäußert hat, ist der Filmregisseur Federico Fellini (1990, S. 601): „Das bedeutet, dass ich das Fernsehen nicht als Ausdrucksmittel betrachte: Es ist lediglich ein Mittel der Distribution, das gewiss auch Filme übertragen kann, aber nur, indem es sie schrumpfen lässt, erniedrigt, entstellt, auf Postkartengröße reduziert und so dem Zuschauer, der sie sich zu Hause ansieht, allenfalls ein angenehmes und ein wenig unlauteres Gefühl von wohlfeilem Voyeurismus vermittelt." Allerdings existierten zu seiner Zeit nur „steinzeitliche" Fernsehapparate, mit kleinen Bildflächen und für heutige Maßstäbe unscharfen Bildern. Riesengroße OLED- oder Super-OLED-, 8 K- oder QLED-Bildschirme, die das Wohnzimmer erfüllen, waren damals noch nicht vorstellbar.

Eine spannende Frage ist, welche hormonellen Auswirkungen die abgedunkelte und ruhig-bequeme Atmosphäre auf die Zuschauer hat. Es ist davon auszugehen, dass diese die Ausschüttung des Hormons Melatonin fördert, was vermutlich die Stimmung verbessert, aber auch schläfrig macht. Studien weisen allerdings auch darauf hin, dass Melatonin zumindest bei älteren Menschen die Aufmerksamkeit erhöht: Sollten also vielleicht gerade ältere Menschen Filme in abgedunkelten Räumen anschauen? (Obayashi et al., 2015).

Deutet der Melatonin-gesättigte Zustand an, dass eine Analogie zwischen dem Filmbetrachten und dem nächtlichen Träumen hergestellt werden kann? Manchmal werden Traum und Filmgenuss verglichen, teilweise sogar fast gleichgesetzt. Allerdings gibt es Unterschiede. Der entscheidende besteht darin, dass wir im Traum alles aus uns selbst generieren, während uns im Film die Szenen und das Geschehen vorgesetzt werden. Außerdem sind Träume stets reaktiv, eine Widerspiegelung von bereits Erlebtem. Filme, die wir zum ersten Mal anschauen, setzen dagegen neue Impulse, konfrontieren uns mit vorher Ungeahntem.

Fazit: Die Art und Weise, wie Menschen Filme anschauen, und der dabei bestehende äußere Rahmen erleichtern es Filmen, tief in unsere Psyche einzudringen. Ein Indiz für die Intensität filmischen Erlebens, egal ob im Kino oder zu Hause, ist die mit wirklichem Filmgenuss häufig einhergehende Auflösung unseres Zeitempfindens.

Reaktionen des Publikums während der Filmbetrachtung

Die erste öffentliche und bezahlte Filmvorführung fand am 28. Dezember 1895 im Grand Café in Paris statt (Weischer, 2024).

Dieses neue „Wunder"-Medium muss die Menschen damals sehr beeindruckt haben, denn obwohl anfangs nur alltägliche und etwas später auch inszenierte Szenen gezeigt wurden, gewann es schnell an Popularität und verbreitete sich rasant: 1896 erschienen die ersten kurzen Filmschnipsel mit Alltagsszenen, zum Beispiel einem einfahrenden Zug. 1902 erschien der erste, 16-minütige „Spielfilm" mit Handlung, „Die Reise zum Mond" von Georges Méliès. Er produzierte im Zeitraum von 1896 bis 1909 mehr als 400 Filmsequenzen und kürzere Spielfilme (Méliès, Wikipedia 2024).

Übertroffen wurde Méliès vielleicht nur von dem ebenfalls französischen Filmproduzenten Charles Morand Pathé (1863–1957). Dieser begann zunächst mit dem Vertrieb der Filmvorführgeräte und stieg erst später in die Filmproduktion ein. Allerdings auf eine sehr konsequente Art und Weise: Er startete mit 70 Produktionen im Jahre 1901 und über 500 bereits im Jahr 1903 und stellte alleine im Jahre 1912 fast 800 Streifen her (Pathé, Wikipedia 2024).

Heutzutage können wir uns schwer in die ersten Filmzuschauer hineinversetzen. Allerdings gibt es Indizien dafür, dass die Betrachtung der Filme für die Menschen damals eine sehr aufregende Erfahrung war. So wird auf der Website des Deutschen Filminstituts über den 1896 veröffentlichten Film „Die Ankunft eines Zuges auf dem Bahnhof in La Ciotat" der Gebrüder Lumière berichtet: „Der Film hat einen legendären Status in der Kinogeschichte aufgrund eines Mythos, der seine erste öffentliche Vorführung schildert: Angeblich verwechselten die Zuschauer, die mit den bewegten Bildern des Kinos nicht vertraut waren, den Zug mit einem echten und flüchteten aus Angst, überfahren zu werden," aus dem Café, in dem der Film vorgeführt wurde (Deutsches Filminstitut, 2024). Allerdings ist es umstritten, ob dies lediglich eine zu Werbezwecken übertreibende Anekdote ist. Andere wiederum wie z. B. der Filmwissenschaftler Johannes Binotto deuten die Ursache für die intensiven Reaktionen der Zuschauer auf den einfahrenden Zug anders: „Was das Publikum der Lumières erlebte, war nicht die Furcht vor einem realen Zug, sondern der Schrecken angesichts eines offensichtlich irrealen und zugleich doch erstaunlich realistischen Abbilds. Die erste Filmvorführung bewirkte bei ihren Besuchern nicht realistische Furcht, sie versetzte ihnen einen sur-realistischen Schock." (Binotto, 2010).

Auch fast 20 Jahre später konnten Filme allem Anschein nach noch sehr intensive Reaktionen des Publikums hervorrufen. So berichtet Beicken (2004) in seinem Buch „Wie interpretiert man einen Film?" über die Reaktion der Zuschauer im Jahre 1913 bei der Erstaufführung des Films „Der Student von Prag": „Diese angsterregende Begegnung mit dem Doppelgänger gefilmt … mit der Technik der Doppelbelichtung entsetzte das Premierenpublikum in Berlin im Jahre 1913. Die Zuschauer schrien im Parkett auf und wandten sich von der Leinwand ab, da sie dort zweimal dieselbe Gestalt sahen."

Doch mit zunehmender Vertrautheit mit diesem Medium gewöhnten Menschen sich immer mehr an das Filmerleben. Angesichts der Menge heute erscheinender Filme ist es erstaunlich, wie wenige Nachrichten über Zuschauerreaktionen auftauchen. Und wenn dann doch zum Beispiel gemeldet wird, dass Kinobesucher sich bei dem Film „Blair Witch Project" (Herger, 2016) wegen der wackeligen Kameraführung übergeben mussten, ist außerdem zu bedenken, dass die Anzahl derer, die heute einen Film anschauen, um ein Zigfaches größer ist als vor hundert Jahren. Über auffällige, direkt wahrnehmbare, intensive Reaktionen der Zuschauer während der Vorführung macht sich heute kaum noch jemand Gedanken. In den 80er-Jahren des letzten Jahrhunderts sorgte man sich eher über das Gegenteil. Um Menschen bei komischen Fernsehsendungen in die richtige Stimmung zu versetzen, wurden auf der Tonspur Lacher eines imaginären Publikums eingespielt. Nur so glaubten die Produzenten, bei den Zuschauern der Sendung noch die erwünschte Reaktion wachrufen zu können.

Literatur

Beicken, P. (2004). *Wie interpretiert man einen Film?* (S. 152). Reclam Verlag.

Binotto, J. (2010): Für ein unreines Kino. https://transferences.org/essay/film-und-surrealismus/. Zugegriffen am 01.06.2024.

Deutsches Filminstitut. (2024). https://www.dff.film/film/larrivee-dun-train-en-gare-de-la-ciotat-die-ankunft-eines-zuges-auf-dem-bahnhof-in-la-ciotat/. Zugegriffen am 27.05.2024.

Fellini, F. (1990). *Filmszenarien 2*. Verlag Volk und Welt.

Herger, D. (2016). *Filmstarts*. https://www.filmstarts.de/nachrichten/18505798.html?page=7. Zugegriffen am 30.06.2024.

Méliès, G.. https://de.wikipedia.org/wiki/Georges_M%C3%A9li%C3%A8s. Zugegriffen am 27.05.2024.

Obayashi, K., et al. (2015). Physiological levels of melatonin relate to cognitive function and depressive symptoms: The HEIJO-KYO cohort. *The Journal of Clinical Endocrinology & Metabolism, 100*(8), 3090–3096.

Pathé Frères. https://de.wikipedia.org/wiki/Path%C3%A9. Zugegriffen am 27.05.2024.

Pölking, R. (2020). *Hier stehe ich, doch kann ich anders*. BoD.

Schumacher, H. (2021). *Panorama des Unbewussten*. Schwabe Verlag.

Sloterdijk, P. (1999). *Sphären II – Globen* (S. 233). Suhrkamp.

Weischer Media GmbH & Co.KG. https://weischer.net/de/blog/history-of-cinema-die-anfaenge-desfilms/#:~:text=Eine%20wirklich%20fl%C3%BCssige%20Bewegung%20abzubilden,Grand%20Caf%C3%A9%20in%20Paris%20statt. Zugegriffen am 27.05.2024.

2

Wieso schauen wir Filme an?

Wenn Experten sich mit der Frage beschäftigen, warum wir Filme anschauen, beginnen sie zumeist mit der Analyse, welche Filmgenres es gibt, z. B. Western, Kriminalfilm, Horror, Melodram, Komödie, um dann die mit dem jeweiligen Genre einhergehenden Besonderheiten darzustellen. Auf dieser Basis versuchen sie zu erkennen, warum Zuschauer sich für die Filme des jeweiligen Genres interessieren. Allerdings ist es zweifelhaft, ob dieses Vorgehen zielführend ist. Es verengt den Fokus auf ein einziges Merkmal, nämlich den Plot der Handlung. Das besonders Kritische hierbei ist, dass die übergeordneten und tiefergreifenden Ursachen, warum wir generell Filme anschauen, dadurch aus dem Blickfeld geraten.

Die Analyse in diesem Buch setzt nicht bei dem Genre des Films an, sondern bei den innerpsychischen Gründen, warum wir überhaupt Filme gerne anschauen. Nur wenige Wissenschaftler haben sich aus einer solchen ganzheitlichen Sicht mit dem Thema Film beschäftigt, und auch meist nur ansatzweise. Wer allerdings glaubt, die Wissenschaft hätte sich mittlerweile auf zwei oder drei Gründe geeinigt, wird enttäuscht. Das Themenfeld ist ungeordnet und die meisten Fachleute geben sich mit einer einzigen Erklärung, typischer Weise mit der von ihnen selbst entwickelten, zufrieden. Sowohl die Anzahl als auch das Spektrum der denkbaren Gründe für Filmgenuss, die im Folgenden aufgeführt werden, ist groß. Das Ziel dieses Buches ist, eine Gesamtschau zu liefern. Auf dieser Basis kann die weiterführende Forschung aufsetzen.

Manche der nun folgenden Gründe für die Filmbetrachtung werden Sie erahnen, manche werden Sie aber sehr überraschen. Die gewählte Vorgehensweise bietet Ihnen die Chance, für sich selbst zu klären, was stichhaltig sein dürfte und was nicht.

Der Urgrund aller Gründe, warum wir gerne Filme betrachten

Die Sehnsucht, Gefühle zu erleben

Zu Beginn ein Grund, der seit Jahrhunderten bekannt ist und auch heutzutage noch von vielen als zutreffend erachtet wird: die Katharsis. Gemäß der Katharsis-Theorie schauen Menschen Filme an, um bestimmte Affekte zu durchleben. Durch dieses Erleben wird die Seele gereinigt, was von den Betreffenden als wohltuend erlebt wird. Die Basis dieser Theorie wurde von Aristoteles entwickelt, der um 350 vor Christus in Griechenland lebte.

Aristoteles spricht von phóbos und éleos, Furcht und Jammer, was seit Lessing üblicherweise mit „Furcht und Mitleid" übersetzt wird. Wörtlich bedeutet es „Gänsehäute und nasse Taschentücher" (Seeck, 2000). Die wörtliche Übersetzung ist ein Indiz dafür, wie sehr die Menschen damals durch Theateraufführungen ergriffen wurden. Der Unterschied zwischen dem Alltag in der Antike und dem im Theater Erlebten muss groß gewesen sein. Wie viele Theaterbesucher bekommen heute im Theater noch eine Gänsehaut? Wie viele fangen heute im Theater noch an zu weinen? Auch bei den meisten Filmzuschauern ist dies nicht der Fall. Trotzdem können wir uns heutzutage der emotionalen Ergriffenheit durch Filme nicht entziehen. Spitzer formuliert es sehr treffend in seinem Vortrag „Vorsicht Bildschirm":

„Warum gucken Sie denn einen Horrorfilm? Und warum geht ihr Herzschlag hoch, wenn sie einen Horrorfilm anschauen? Ach ja, weil der gut gefilmt ist. Wenn sie sich immer zurücklehnen und sagen ‚ach ist ja nur ein Film', dann ist der Film schlecht. ... Selbst als Erwachsener sind Sie voll emotional beteiligt. Sie können gar nicht sagen ‚och ist alles nur ein Film', das schaffen Sie nicht" (Spitzer, 2007; Min. 54:30).

Angesichts der Intensität der Filmwelten erscheint die Zukunft des Theaterbesuchs ungewiss. Selber Theater spielen als Freizeitgestaltung ist ein anderes Thema. Hierfür gilt die soeben formulierte kritische Prognose nicht.

→ Filmhinweise[1], z. B. Für nasse Taschentücher: „Love Story" (1969) von Arthur Hiller, für die Gänsehaut: „Der weiße Hai" (1975) von Steven Spielberg[1].

---

[1] Viele Hinweise führen ältere Filme an. Ein Hauptgrund hierfür liegt darin, dass im letzten Jahrhundert Genres und Plots „sortenreiner" waren. Gleichzeitig wurde bei den aufgeführten Filmen, soweit es möglich war, auf ein gutes IMDB (Internet Movie Database) Rating geachtet.

Auf Sigmund Freud zurückgehende Gründe für Filmgenuss

Das Ausleben von Trieben
Das indirekte Ausleben libidinöser, zum Beispiel aggressiver, Impulse, manchmal mehr, manchmal weniger intensiv, manchmal offen bewusst oder auch vollkommen unbewusst. Filmgenuss, um in uns selbst vorhandene, sexuelle oder aggressive Impulse auf eine gesellschaftlich akzeptierte Art und Weise auszuleben.

➔ Filmhinweise, z. B.: „Clockwerk Orange" von Stanley Kubrick (1971); „28 Weaks Later" (2007) von Juan Carlos Fresnadillo

Um dieses Ausleben unter Umgehung des Über-Ichs zu erleichtern, ist ein eigenes Genre entstanden: Filme, die libidinös besetzt werden können, zum Beispiel Gewaltfilme, die gleichzeitig lustige, humorvolle Szenen enthalten. So ist es unbewusst für uns selbst, also innerpsychisch, akzeptabler, solche Filme zu genießen. Bevor es zu eintönig und bevor es zu offensichtlich wird, wie sehr der Film mit Gewaltszenen gespickt ist, findet durch den Humor eine Ablenkung statt. Diese hat den Vorteil, dass unser Bewusstsein neu ausgerichtet wird. Die gerade abgeschlossene Gewaltszene rückt in den Hintergrund. Die folgende humorhafte Sequenz versetzt den Zuschauer wieder in eine lockere Stimmung. Durch die geänderte Stimmungslage und die große Unterschiedlichkeit zu der dann wieder folgenden Aggressivitätsszene wird deren Wirkkraft gesteigert.

➔ Filmhinweis, z. B.: „In China essen sie Hunde" (1999) von Lasse Spang Olsen

Es gibt noch einen weiteren Weg, das Über-Ich (also unser kontrollierendes Gewissen) elegant zu umgehen, ohne dass die Hauptfigur Gewalt anwendet und ohne Einsatz von Humor. Solche Filme spielen in einer gewaltvollen Welt, in der die Hauptfiguren leben, doch alles wird so gestaltet, dass das Böse zwar als böse erlebt werden kann, aber durch Alltagsbilder, nachvollziehbare Handlungen und vereinzelte liebevolle Akzente in der Schwebe gehalten wird.

➜ Filmhinweis, z. B.: „The Handmaids Tale" (2017–2025) Staffel 1 von Steve Miller

Diese Theorie des Auslebens libidinöser Impulse basiert auf den Lehren von Sigmund Freud. Zum Beispiel schreibt er in seiner Veröffentlichung „Neue Folge der Vorlesungen zur Einführung in die Psychoanalyse" (1933): „ … denn nicht wegen der Lehren von Geschichte und Lebenserfahrung haben wir die Annahme eines besonderen Aggressions- und Destruktionstriebes beim Menschen befürwortet, sondern es geschah auf Grund allgemeiner Erwägungen …" (Freud, 1940, S. 111).

Einige Auffassungen von Freud wurden in den letzten Jahrzehnten heftig kritisiert, manche gelten als widerlegt. Für den Kontext dieses Buches sind die hier aufgeführten Überlegungen von ihm aber relevant, denn Ziel ist es, die Spannbreite möglicher Gründe darzustellen. Darauf aufbauend können Sie selber entscheiden, welche Ursache Sie in welchem Ausmaß für bedeutend halten. Die Wissenschaft kann versuchen, die jeweiligen Ursachen zu verifizieren oder zu falsifizieren. Allerdings hat die bisherige Forschung gezeigt, dass dies, soweit es unser inneres Erleben betrifft, sehr komplex ist. Manche Bestätigung oder gerade auch scheinbare Widerlegung der Theorien von Freud hält einem kritischen Blick nicht stand, z. B. da es sehr schwierig ist, Gefühle objektiv zu erfassen und ihren wahren Gehalt richtig zu deuten.

Der Clou an dieser Theorie ist, dass durch das indirekte, sublimierte Ausleben der innere Triebdruck reduziert wird und man sich daraufhin erleichtert fühlt. Während es bei der Katharsis-These eher um das Erleben von Gefühlen geht, steht hier der Abbau vorhandener Triebspannungen im Vordergrund.

Stabilisierung des Miteinanders
Wir schauen gerne Filme an, da sie uns helfen, im Einklang mit unserer Mitwelt zu leben. Zusätzlich zum Ausleben streben wir nach Filmgenuss, um unsere nicht gesellschaftskonformen Impulse leichter zu bändigen. In seinem Buch „Das Unbehagen in der Kultur" schildert Freud, der sich nie mit Film und Lichtspiel direkt befasst hat, dass die triebhaften Leidenschaften bei uns stärker seien als vernunftgeleitete Handlungsimpulse: „Die Kultur muss alles aufbieten, um den Aggressionstrieben der Menschen Schranken zu setzen, ihre Äußerungen durch psychische Reaktionsbildungen niederzuhalten" (Freud, 1930/1972, S. 13). Aus dieser Perspektive werden Filmwelten von uns Menschen aufgesucht, um libidinöse, z. B. aggressive, Impulse, aus welcher Quelle sie auch immer kommen mögen, zu bezähmen. Das Ausleben der Impulse wäre schädlich und die Filmerlebnisse helfen, sich gesellschaftskonform zu verhalten. Spielfilme fördern das auskömmliche gesellschaftliche Miteinander. Mehr unbewusst als bewusst spüren wir dies, was zur Folge hat, dass wir unter anderem deswegen Filme anschauen.

Diese Erklärung, warum man Filme schaut, ähnelt dem zuvor genannten Grund. Der Unterschied besteht in Folgendem: Bei der vorhergehenden Erklärung standen der Genuss und das Ausleben von Trieben im Mittelpunkt. Hier dagegen geht es um den positiven Effekt, der entsteht, weil wir die Triebimpulse, die unsere Mitmenschen negativ sanktionieren würden, nicht ausleben. In diesem Sinne erhalten wir durch unser „friedlicher werden" dank Filmbetrachtung im Alltag anschließend mehr positives Feedback und machen weniger unangenehme Erfahrungen. Dies wiederum wirkt belohnend und verstärkt so unter anderem die Tendenz, Filme anzuschauen. Natürlich ist dieser Effekt direkt nach der Filmbetrachtung, etwa mit dem Ehepartner zu Hause oder nach dem gemeinsamen Kinobesuch, am stärksten, aber die positivere, einvernehmlichere Gestimmtheit wird, wenn auch Schritt für Schritt abklingend, in den folgenden Stunden oder zum Beispiel am nächsten Morgen noch nachhallen.

→ Filmhinweis, z. B.: „Ratatouille" (2007) von Brad Bird und Jan Pinkava

Weitere tiefenpsychologische Ansätze

Bis jetzt wurden drei Ursachen aufgeführt, warum wir danach streben, Filme anzuschauen: erstens die Lust, Gefühle zu erleben, zweitens die Lust, Triebregungen, die unser Ich schlecht akzeptieren kann, elegant abzureagieren, drittens der Umstand, dass wir nach Filmgenuss verträglicher sind, und da sich die dadurch erzeugte harmonischere Umwelt als Lernerfahrung an das Filmschauen koppelt, wird unsere Tendenz gestärkt, Filme anzuschauen. Aber es gibt noch weitere tiefenpsychologisch verankerte Ansätze:

Erweiterung des Ichs
Der Drang und die pure Lust zur Identifikation mit anderen Menschen. Dabei spielt es keine Rolle, ob diese real sind oder nicht, wie es etwa bei den Darstellern in einem Film der Fall ist. Dies geschieht, da wir Menschen darauf gepolt sind, in andere Menschen „hineinzuschlüpfen". Wie sehr wir uns an anderen orientieren, verdeutlicht ein

Experiment, das jeder von uns ganz einfach selbst durchführen kann: Man stelle sich auf eine belebte Fußgängerstraße und schaue nach oben, z. B. in Richtung eines der Hausdächer. Es ist erstaunlich, wie viele der Vorübergehenden daraufhin ebenfalls in diese Richtung schauen. Unsere Neigung, sich immer wieder aufs Neue mit anderen identifizieren zu können, verblüffte schon Sigmund Freud (1938/1972, S. 13): „Ein im Leben wichtiger Charakter ist die *Beweglichkeit* der Libido, die Leichtigkeit, mit der sie von einem Objekt auf andere Objekte übergeht."

➜ Filmhinweise, z. B.: „Forrest Gump" (1994) von Robert Zemeckis, ein Film mit einer hervorgehobenen Identifikationsfigur. Dieser Film belegt auch unsere Fähigkeit, sich mit ulkigen oder merkwürdigen Mitmenschen zu identifizieren, eine wichtige Fähigkeit für unser soziales Miteinander. „Wunderschön" (2022) von Karoline Herfurth, ein Film, der unterschiedliche Darsteller für die Identifikation anbietet.

Projektionsfläche für eigene Wünsche und Konflikte
Vom zugrunde liegenden seelischen Mechanismus her gesehen deutlich komplexer ist die Erklärung von Holger Schumacher (2021, S. 27). Er beruft sich auf Grundannahmen von Friedhelm Bellingroth (1958). Es geht um ein unbewusstes Wiedererkennen eigener innerer Wirklichkeiten im äußeren Sein des Schauspielers. Der Zuschauer sucht Objekte auf, in die er seine Triebe und Konflikte projizieren kann, um sie durch diese Stellvertreter und deren Handlungen erleben zu können. Dieser Mechanismus wird benötigt, da es schwer sein kann, bestimmte eigene Impulse zu akzeptieren. Ein Lösungsweg ist, sie auf die Darsteller im Film zu projizieren, um diese Impulse dann über die Betrachtung der Schauspieler wieder in das eigene Selbst zu integrieren. Schumacher formuliert dies so: „Helden und

Schurken eines Spielfilms dienen zugleich als Projektionsfläche für die unbewussten Wünsche und Konflikte des Zuschauers und wirken durch Introjektion auf ihn zurück. Je mehr das äußere Bild dabei der inneren Wirklichkeit des Zuschauers entspricht, desto stärker sind Wirkung und Erlebnisintensität." Eine der wichtigen Schlussfolgerungen aus dem oben Beschriebenen ist, dass uns Filmbetrachtung mit den unterschiedlichsten Introjekten anreichern kann.

Das Anschauen von Filmen kann somit unser Selbst um zusätzliche Facetten erweitern. Allerdings ist die Frage berechtigt, ob dieser eigentlich positive Prozess sich stets positiv auswirkt. Zum Beispiel insbesondere dann, wenn die Introjekte „negative" Projektionsfiguren, zum Beispiel Verbrecher und Mörder, zur Grundlage haben.

→ Filmhinweise, z. B.: Serien wie „Games of Thrones" (2011–2019) oder (nicht unbedingt eine Empfehlung): „Gute Zeiten, schlechte Zeiten" (ab 1992) oder auch „Lindenstraße" (1985–2020)

Voyeurismus
Das Ausleben von Schaulust. Während noch vor hundert Jahren Voyeurismus relativ einseitig auf das Sexuelle bezogen wurde, erkennen wir heutzutage, dass es sich dabei um ein Bedürfnis handelt, das weit über das Sexuelle hinausgeht. Somit geht es bei einem voyeuristischen Antrieb, Filme anzuschauen, nicht nur um Sexuelles, sondern auch um das Verfolgen der Erlebnisse anderer Menschen. Während man durch Klatsch und Tratsch nur etwas über andere hört, ist man beim Filmschauen „direkt dabei", wenn es geschieht. Dank der Netflix-Serie „The Crown" können wir in der Ecke des Raumes stehen, wenn der ungelenke Quasimodo, also Prinz Charles, zum ersten Mal die federleichte Elfe, also Prinzessin Diana, trifft und beide ein erstes Possenspiel vollführen.

Über den eigentlichen Ursprung dieser Schaulust gibt es sehr unterschiedliche Erklärungen. Wie sehr ist es ein lustvolles Bedürfnis, wie sehr anthropologisch in uns verankert, wie sehr lediglich ein soziokulturelles Phänomen unserer heutigen Zeit?

Es existiert in diesem Zusammenhang auch eine überraschende, aber nicht unbedingt leicht zu verstehende und meines Erachtens schwer nachvollziehbare Erklärung. Ein namhafter Theoretiker des Films, einer der Dogen der psychoanalytischen Filmtheorie, Christian Metz (2003), spricht zum Beispiel beim Film von der Schaulust des Voyeurs als strukturelle Gegebenheit der filmischen Rezeption. Diese Wahrnehmung vollziehe sich nicht im Modus der Alltagswahrnehmung, sondern identifikatorisch als libidinöse Besetzung von Bildobjekten. Damit geht er weit über die libidinöse Besetzung z. B. eines attraktiven Hauptdarstellers und seines Erlebens hinaus. Der Film ist demgemäß, mit Haut und Haaren, Objekt der Liebe des Zuschauers; Filmgenuss als Prozess, der den Zuschauer aus seiner Bindung an den symbolisch vermittelten Realitätsbezug löst. Das Bild wird durch die affektive Besetzung zu einem Zeichen der eigenen Wünsche und so unmittelbar dem Regime der Wunschfantasien unterstellt (Kappelhoff, 2003). Anklänge an die bereits zuvor aufgeführten Ursachen sind bei dem soeben Beschriebenem deutlich. Allerdings wird diese Erklärung aufgrund der Verbindung mit dem Voyeurismus und der hervorgehobenen Intensität trotzdem als eigenständige Ursache aufgeführt.

Meines Erachtens ist bei den denkbaren Erklärungen für unsere Schaulust die biologische Perspektive unbedingt zu berücksichtigen. Im Licht einer gründlicheren Analyse erscheint sie als relevant und plausibel. Schaulust ist auch schon bei den Tieren relevant, man denke nur an den gelben Schnabel der Stockentenerpel oder das Lätzchen der

2 Wieso schauen wir Filme an?

Rotkehlchen. Das auffällige und somit auf den ersten Blick überlebenstechnisch eher nicht hilfreiche rote Lätzchen ist biologisch sinnvoll, weil es Artgenossen gibt, die lustvoll danach Ausschau halten. Ähnlich sieht es evolutionsbiologisch bei uns Menschen aus. Schaulust ist durch unsere Evolutionsgeschichte fest in uns verankert: zum Beispiel die männliche Suche nach dem Objekt der Begierde. Die entsprechenden Auslösereize als Signalgeber werden aufgesucht, die eigenen Umwelt aktiv nach diesen gescreent. Und auch die Frauen beobachten sehr gerne, z. B. das Aussehen und die sozialen Interaktionen anderer Frauen, um etwa ihr eigenes Verhalten besser ausrichten zu können. Mittlerweile dienen hier Social Media, wie Instagram, als wichtiges Hilfsmittel. Die dort auftretenden Selbstdarsteller befriedigen die Schaulust ihrer Fans und helfen diesen, das eigene (modische) Verhalten auszurichten.

Schaulust liefert Erkenntnisse. Der Schauende vergrößert sein reales oder ab und zu auch nur vermeintliches Wissen über menschliche Gemeinschaften. Dies hilft letztendlich auch, um zum Beispiel den richtigen Partner zum Kinderkriegen zu wählen, was die Reproduktions- und Überlebenswahrscheinlichkeit des eigenen Gens erhöht. (Die letzten Sätze sind tief durchdrungen von klassischen Geschichts- und Geschlechtsstereotypen. Natürlich gibt es die soeben geschilderten Ausrichtungen, in welcher Form auch immer, ebenso umgekehrt und ganz anders. Die obige Darstellung bedient sich herkömmlicher Klischees, um das Thema durch eine vermutlich altmodisch erscheinende Schwarz-Weiß-Zeichnung zu verdeutlichen.)

➙ Filmhinweise, z. B.: „The Crown" (2016–2023) Netflix Serie (Stoffentwicklung Peter Morgan), „Kaspar Hauser" (1974) von Werner Herzog und hunderttausend Videos auf den diversen Pornoseiten im World Wide Web.

Streben nach Grandiosität

Film als Erweiterung des Ichs, das Grandiosität erleben will. Diese These sieht eine Ursache für unsere Neigung, Filme aufzusuchen, darin, dass, wenn auch in unterschiedlichen Maß, jeder von uns innerlich durch Minderwertigkeitsgefühle geprägt ist, die nach Kompensation verlangen. Ein Beispiel aus der Literatur kann vielleicht helfen, diese These zu veranschaulichen:

In der Kurzgeschichte „The Secret Life of Walter Mitty" (Das geheimnisvolle Leben des Walter Mitty) von James Thurber (1939/2016) schildert dieser das Leben seiner Hauptfigur Walter Mitty – ein sehr unscheinbarer Mann, der in seiner Fantasie ein abenteuerliches und heldenhaftes Leben führt. Während er in der realen Welt eher als langweilig und unbedeutend erlebt wird, flüchtet er sich in Tagträume, in denen er großartiges vollbringt, sei es als tapferer Kampfpilot, als genialer Chirurg oder als furchtloser Kriegsheld.

Wie ist dieses Streben nach Grandiosität zu erklären? Ist es wirklich ein allgemeines Phänomen oder tritt es nur bei sich minderwertig fühlenden Neurotikern auf? Laut Ludwig Janus (2008, S. 58 ff.) trifft es auf uns alle zu. Er postuliert, dass aufgrund unserer physiologischen Frühgeburtlichkeit, einem biologischen Mangel, bei uns eine Hypertrophie entsteht, eine Wucherung an Sicherheitsbedürfnis und damit einhergehend Allmachtsfantasien (Schumacher, 2021, S. 60).

→ Filmhinweise, z. B.: „Das erstaunliche Leben des Walter Mitty" (2013) von Ben Stiller; „Conan der Barbar" (1982) von John Milius oder auch – etwas differenzierter: „Der mit dem Wolf tanzt" (1990) von Kevin Kostner

Angstlust und Sensation Seeking

Menschen sehnen sich danach, den von Balint (1972, S. 21) so herrlich beschriebenen Dreiklang „Furcht, Wonne und zuversichtliche Hoffnung" zu erleben – Nervenkitzel und das „Aufgeben und Wiedererlangen von Sicherheit". Wo geht das einfacher und praktischer als im Kino? Hier gibt es kein Risiko, sich das Bein zu brechen oder sich zu blamieren, einfach mit Grausen im Kinosessel sitzen und genießen.

Eng mit dem Konstrukt der Angstlust verbunden, ist das Sensation Seeking, das Streben, immer wieder neue Sinnesempfindungen zu erleben. Besonders ausgeprägt ist die ständige Suche nach Abwechslung bei jüngeren Menschen im Alter von 20 bis 25 Jahren. Des Weiteren neigen Männer eher als Frauen zu „Sensation Seeking" (Roth & Hammelstein, 2003).

Untersuchungen anhand von Spielfilmen weisen nach, dass Zuschauer Filme positiver bewerten, wenn sie Spannung und Aufregung erleben (= „Suspense-Effekt", Huth, 1978). Rezipienten haben laut Roth und Hammelstein (2003) bei Horror- und Erotikfilmen – na ja, überrascht es uns wirklich – eine gesteigerte Blutflussgeschwindigkeit, die auf eine erhöhte Erregung hindeutet.

➜ Filmhinweise, z. B.: „Conjuring – Die Heimsuchung" (2013) von James Wan; „Geister" (1994–2012) von Lars von Trier

Kontakt mit dem mystisch Ungewissen

Der Kontakt mit dem Unheimlichen, das größer und bedeutsamer ist als alles andere, was unser persönliches Leben ausmacht. Für dieses gestaltlos Göttliche, das Schaudern, aber auch Faszination auslöst, prägten Rudolf Otto (2014) und C.G. Jung den Begriff „Numinosum". Es handelt sich um all jenes, das tiefgreifende Ehrfurcht und „heiligen" Schauer hervorruft und uns bis ins Innerste ergreift. Gerade weil es so beeindruckend wirkt, kann es auch zu einem Grund werden, warum wir uns bestimmte Filme anschauen, zum Beispiel Naturfilme mit beeindruckender Landschaft, die uns ein Gefühl für Gottes Schöpfung vermitteln. Oder Filme, die etwas Dämonisches andeuten, das unsere menschlichen Kräfte weit übersteigt, Aber auch Filme, die zeigen, dass jenseits unseres menschlichen Seins etwas existiert, das uns alle in der Hand hat.

Während es bei der zuvor behandelten Angstlust um die Erregung, das ängstliche Erschauern ging, handelt es sich bei dem Numinosum um die Ehrfurcht und die Ergriffenheit vor dem Sein.

➜ Filmhinweise, z. B.: „Born in China" (2016) von Chuan Lu; „Blair Witch Project" (2000) von Michael Martinez; „Melancholia" (2011) von Lars von Trier

Revitalisierung archetypischer Empfindungen
Wie C.G. Jung in seiner wissenschaftlichen Forschung verdeutlicht hat, existieren Urbilder in uns, die unsere Wesensart beeinflussen. Diese Urbilder sind über die hundertausende von Jahren der menschlichen Evolution entstanden. C.G. Jung prägt hierfür den Namen „Archetypen". Wie Pölking (2020) aufzeigte, ist es der Genforschung mittlerweile gelungen, nachzuweisen, wie einschneidende Erfahrungen unser Erbgut verändern können. Dadurch gibt es nun einen naturwissenschaftlichen Beleg für die Existenz von Archetypen. Ihre Aktivierung durch äußere Reize, wie etwa einen Spielfilm, löst einen Nachhall in unserer Psyche aus. Das Durcherleben, die Wiederholung der archetypischen Situation, wird von uns aufgesucht. Dies erklärt zum Beispiel, warum wir uns von den Bildern von Flutkatstrophen fast magisch angezogen fühlen. Bei den folgenden, von Pölking (2020) aufgeführten Archetypen ist davon auszugehen, dass sie eine Triebfeder für das Anschauen von Filmen sind:

- Die Naturkatastrophe
    ➜ Filmhinweis, z. B.: „2012" von Roland Emmerich
- Die Bestie. Der Kampf des Guten gegen das Monster
    ➜ Filmhinweis, z. B.: „King Kong" (1933) von Merian C. Cooper und Ernest B. Schoedsack

- Das Wir. Identifizierung mit meiner Wir-Gruppe, unser Stamm gegen den Die-da-Stamm
  - ➜ Filmhinweise, z. B.: „Kampf der Welten" (1953) von Byron Haskin oder auch „Independence Day" (1996) von Roland Emmerich
- Das rauschhafte Fest
  - ➜ Filmhinweis, z. B.: „ Faust" (Szene Hexensabbat) (1960) von Peter Gorski und Gustaf Gründgens oder auch "Hair (1979) von Milos Forman
- Die Mutter
  - ➜ Filmhinweis, z. B.: „Little Women" (2019) von Greta Gerwig
- Der Held
  - ➜ Filmhinweis, z. B.: die James-Bond-Filme
- Der/die Weise
  - ➜ Filmhinweis, z. B.: „Nomadland" (2020) von Chloé Zhao
- Der Fremde
  - ➜ Filmhinweis, z. B.: „Dogville" (2003) von Lars von Trier
- Das göttliche Kind
  - ➜ Filmhinweis, z. B.: die Harry-Potter-Filme
- Die Wandlung, die Nachtmeerfahrt
  - ➜ Filmhinweis, z. B.: „8 ½" (1963) von Federico Fellini oder auch

  „Chihiros Reise ins Zauberland" (2001) von Hayao Miyazaki

- Der paradiesische Ort: Sinnliches, paradiesisches Erleben der Natur. Warum heben Filmkritiker immer wieder einmal bei einem Film die wunderschönen Landschaftaufnahmen hervor? Weil diese Bilder in unserer Seele irgendetwas zum Schwingen bringen.

→ Filmhinweis, z. B.: Naturfilme, oder auch „Karawane der Frauen" (1951) von William A. Wellman

Es gibt auch Archetypen, die nur sehr begrenzt den Impuls auslösen, einen Film anzuschauen: Zum Beispiel der schon zu Beginn erwähnte Archetyp des Lagerfeuers und jener der Waffe. Der Archetyp des Lagerfeuers kommt eher bei dem Setting zur Geltung, das man aufsucht, um gemeinsam mit anderen in wohlig warmer Atmosphäre um ein leuchtendes Etwas zu sitzen.

Der von Pölking (2020, S. 60 ff.) aufgeführte Archetyp der Waffe ist eher durch sinnlich taktile Reize geprägt. Diese spielen bei dem aktuellen Stand der Filmtechnik noch keine Rolle.

Wie bei den anderen bisher aufgezeigten Ursachen, die in diesem Buch genannt wurden, gilt auch für die archetypischen: Es gibt Unterschiede zwischen Menschen. Der eine Zuschauer spricht mehr auf diesen, der andere Zuschauer eher auf jenen Archetypen an.

Aus der Menschheitsgeschichte entstandene Gründe

Nachfolge des Trancekults

Der Regisseur John Boormann (2017) geht wie Sigmund Freud ebenfalls von einer in uns Menschen vorhandenen Prägung aus, sich mit jemandem zu identifizieren. Er sieht diese allerdings in Nachfolge des trancehaften Verwandlungskults, der ein wichtiges Merkmal traditioneller historischer Gesellschaften sei.

2 Wieso schauen wir Filme an?

In ähnliche Richtung gehen die Überlegungen von Bellingroth. Ihm gemäß befriedigen Filme unser Bedürfnis nach seelischer Verwandlung.

Was früher also nur den Schamanen oder bei rituellen Stammestänzen möglich war, wird nun dank der Filmwelten für die breite Masse zugänglich. Der Film versetzt uns und unser Bewusstsein in eine andere Welt, in eine Filmschautrance. Er ist „eine heilende Kunst und das Kino ein Schutzraum für die Zumutungen der Moderne".

→ Filmhinweise, z. B.: „Koyaanisqatsi" (1982) von Godfrey Reggio, oder als ruhigerer Film, der in Trance führt: „Die fabelhafte Welt der Amelie" (2001) von Jean-Pierre Jeunet, oder auch forscher: „Apokalypse Now" (1979) von Francis Ford Coppola

Reinkarnation kollektiver Mythen und Traumata
Filme anschauen, um kollektive Mythen positiver Art wieder zu genießen oder solche negativer Art zu beschwichtigen. Demgemäß besuchen wir Filme, damit kollektive Mythen unserer Gesellschaft wieder auferstehen. Sei es, um historische Triumphe noch einmal zu erleben, sei es, um vergangene Traumata zu verarbeiten. Gleichzeitig festigt die Betrachtung dieser Filme die Verankerung des Zuschauers in seiner Gemeinschaft, z. B. seiner Nation, was wiederum mit einem stärkeren Gefühl der Verbundenheit einhergeht. Diese Verbundenheit wiederum fördert die Neigung, sich zukünftig solche Filme anzuschauen.

Aber vielleicht geht dies nicht nur Richtung Vergangenheit, sondern auch in Richtung Zukunft, wie es zum Beispiel in dem Film „Black Panther: Wakanda Forever" umgesetzt wird: ein Film, in dem sich ein farbenfrohes, exotisches „Dritte Welt"-Inselvolk erfolgreich gegen ein großes Land und die Mächte des Hinterhältigen und Bösen, in diesem Fall unter anderem Frankreich und USA, durchsetzt. So drückt der Film eine Sehnsucht aus, welche vielleicht kollektiv in vielen ehemaligen Kolonien des globalen Südens, die unter dem Imperialismus leiden mussten, derzeit empfunden wird. Die Produzenten, in diesem Fall die Marvel Studios von Disney, fokussieren, kanalisieren und erzeugen so eine Wut gegen die Welt, aus der interessanterweise Disney selbst stammt. Oder vielleicht positiv ausgedrückt: Disney etabliert seine Akzeptanz bei denen, für die die Verarbeitung der kolonialen Vergangenheit ein inneres Anliegen ist, und bereitet gleichzeitig den Boden vor, um auch dann noch im Geschäft zu sein, wenn der Wind der Macht nicht mehr von Nord nach Süd, sondern von Süden nach Norden weht.

➔ Filmhinweis, z. B.: „Die Geburt einer Nation" (1915) von D.W. Griffith, „Im Westen nichts Neues" (1930) von Lewis Milestone, „Black Panther: Wakanda Forever" (2022) von Ryan Coogler

Zugehörigkeit
Filmbesuch, um Teil der gemeinschaftlichen Aktualität zu sein. Menschen sind soziale Wesen, denen die Zugehörigkeit zu einer Gemeinschaft wichtig ist. Für die Etablierung dieser Gemeinschaften und um sich zu vergewissern, dass man dazugehört, sind Rituale, gemeinsame Moden und Vorlieben von zentraler Bedeutung. Diese Überlegung folgt Bourdieu (1979), der in seinem Buch „Die feinen Unterschiede" herausgearbeitet hat, wie im sozialen Raum durch Unterschiede in Lebensstil und Geschmack relativ homogene Untergruppen entstehen, was seiner Meinung nach von alters her ein Grundbedürfnis von uns Menschen darstellt. Zum Beispiel erfüllen sowohl der gemeinsame Kinobesuch als auch der wunderschöne Einklang, einen aktuellen Filmhit gut zu finden, diese Funktion. Auch der in die-

sem Buch im Kapitel „Das Lagerfeuer der Jetztzeit: der Kinosaal?" erwähnte getrennte, aber doch gemeinschaftliche Genuss von Popcorn durch fast alle Zuschauer in einem Kinosaal kann vor diesem Hintergrund betrachtet werden.

Bezüglich des Zugehörigkeitsgefühls ergeben sich somit zwei leicht unterschiedliche Motive für die Betrachtung von Filmen: Das erste besteht in dem Wunsch durch das Anschauendes Films an einem aktuellen gesellschaftlichen Trend teilzunehmen, der von größeren oder scheinbar größeren Gruppen der Gesellschaft als relevant erlebt wird. Sei es, dass der Film inhaltlich einer aktuellen Strömung entspricht, sei es, dass die Art und Weise, wie man den Film zelebriert, ein gemeinsames Ritual ermöglicht. So haben viele Zuschauer mit großer Lust in den späten 70er-Jahren des letzten Jahrhunderts bei dem Film „Rocky Horror Picture Show" Reis ins Kino geworfen.

In Hinsicht auf das bessere Verstehen eines Trends sind mehrere Aspekte zu beachten: Ist der Film bereits eine Reaktion auf einen gesellschaftlichen Trend, oder ist er proaktiver Ausdruck des gesellschaftlichen Unbewussten? Oder gibt es vielleicht einen Produzenten, eine Filmförderung oder einen Regisseur, die einen Trend erzeugen beziehungsweise verstärken wollen?

Das zweite Motiv bezieht sich auf die kleine, eigene Peergruppe, in der man lebt. Gemeinsam wird etwas unternommen, z. B. das Kino besucht, um sich der eigenen Bezugsgruppe zu vergewissern. Hierbei ist im Gegensatz zu dem gesellschaftsbezogenen Motiv der ausgewählte Film sekundär – Hauptsache man geht gemeinsam ins Kino.

→ Filmhinweis, z. B.: „Die Rocky Horror Picture Show" (1975) von Jim Sharman; „Fifty Shades of Grey" (2015) von Sam Taylor-Johnson; „Barbie" (2023) von Greta Gerwig

Filme als Hilfsmittel zur Selbststeuerung

Stimmungsaufhellung

Typischerweise geht es bei diesem Motiv um die Verbesserung der eigenen Stimmungslage. Einige Filmwissenschaftler, zum Beispiel Trice und Greer (2019, S. 39), widmen sich sehr ausführlich der sogenannten „Mood-Theory" (Stimmungstheorie), die einerseits die Frage aufwirft, in welcher Stimmung welche Filme ausgesucht werden, und andererseits, wie Filme die Stimmungslage verändern können. Es erscheint einleuchtend, dass Menschen Filme unter anderem anschauen, weil sie hoffen, so ihre eigene Stimmungslage zu beeinflussen. Der Vorteil dieser These ist, dass sie auf den ersten Blick sehr plausibel erscheint und sich scheinbar auch sehr gut experimentell erforschen lässt. In der Praxis ist es jedoch nicht so leicht, die Stimmung vor und nach dem Filmgenuss akkurat und unverfälscht zu erfassen. Auch die Unterscheidung, was die übergeordnete (z. B. depressiv angehauchte), zeitstabile Persönlichkeit ist und was aktuelle Stimmungslage, ist schwierig. Ebenso ist es gar nicht so einfach zu bestimmen, was welche Wirkung haben sollte bzw. könnte. So fanden Knobloch und Zillmann (2002) heraus, dass Menschen in unglücklicher Stimmung eher traurige Musik auswählen. Trotzdem gibt es Forschungshinweise, die aufzeigen, dass Filmsequenzen unsere Stimmungslage beeinflussen. So fanden Del Palacio-Gonzalez und Clark (2014) zum Beispiel heraus, dass stimmungsgeladene Filmszenen, die maximal fünf Minuten dauern, die Gefühlslage der Versuchspersonen veränderten.

Wie sehr Filme das Lebensgefühl und die Lebensgestaltung steuern können, wird durch die Forschung von Kuby und Csikszentmihalyi (1990) bestätigt. Sie analysierten den Fernsehkonsum einer Gruppe von Arbeitern. Dabei zeigte sich, dass Studienteilnehmer eher bis tief in der Nacht fernsahen, wenn ihre Gefühlslage am späten Nachmittag negativ war. Die Stimmung am Vormittag hatte keine Auswirkung auf die Neigung, mehr oder weniger fernsehzuschauen.

Ein Grund für die Stimmungsaufhellung kann darin liegen, dass in bestimmten Filmen Stellvertreter von uns unsere Lebens- und Alltagsangst besiegen. Die Protagonisten des Films sind mit Situationen und Problemen konfrontiert, die wir aus unserem Alltag kennen: Sie verheddern sich, stoßen auf Hindernisse, und unglückliche Umstände bedrohen sie. Und dann löst sich alles wieder auf. Dadurch erlebt der Zuschauer, dass Menschen wie du und ich in Schwierigkeiten geraten können, dass sich aber alles wieder – sei es durch eigenes Handeln, sei es durch eine Prise Glück – zum Guten wenden kann. Das Aufatmen, die Erleichterung des Protagonisten, unseres Stellvertreters, wird zu unserer Erleichterung, hellt unsere Stimmung auf und lindert unsere Lebensangst.

Diese Erkenntnisse deuten an, dass das Medium Film von manchen Menschen genutzt oder sogar benötigt wird, um den eigenen Alltag zu stabilisieren. In diesen Fällen befindet sich der Betreffende in einer Sackgasse. Das Anschauen von Filmen ist ein fester Bestandteil in seinem Alltag. Darauf möchte der Betreffende nicht verzichten, ja er kann es gar nicht mehr, ohne in ein Loch zu fallen. Der „Filmgenuss" dient der Sedierung oder auch als Kompensation seines eigenen, ihn selber nicht mehr befriedigenden Seins. Es geht um die Erleichterung und Stabilisierung für die Seele, indem man wohltuende Filmszenen und -geschichten „einatmet". Schlimmstenfalls übernimmt der Film die Rolle des eigentlichen Lebens und wird zum stellvertretenden Leben für diese Betroffenen.

Wie viele unserer Mitbürger in eine solche scheinbar ausweglose Situation geraten sind, ist schwer zu bestimmen. Es dürfte sehr viel häufiger der Fall sein, dass das Ziel einfach nur in der Änderung der eigenen Stimmungslage besteht.

Hierbei gibt es die unterschiedlichsten Gründe und Ziele. Bei der Recherche zu diesem Buch wurden Interviews durchgeführt, um herauszufinden, was Menschen glauben, warum sie Filme anschauen. Einer der Antwortenden schilderte, er habe vor mündlichen Prüfungen an der Universität immer einen Heldenfilm geschaut, das habe ihn in die Stimmung versetzt, die Prüfung gut zu bestehen.

Orientierung in der komplexen Welt
Filme anschauen, um die Welt und andere Menschen besser zu verstehen. Bei diesem Motiv geht es einerseits um die Neugier über die Spannbreite, wie sich menschliches Sein äußern kann und andererseits um den Einblick, wie menschliches Miteinander funktioniert. Damit kann auch der Wunsch verbunden sein, das gesellschaftliche Leben besser zu verstehen und das eigene Leben besser zu steuern.

Diese Auffassung wird von einem der derzeit relevantesten, deutschen Lehrbücher zur Sozialpsychologie gestützt. In diesem steht: Wir betrachten Filme, „ … weil das Nachdenken über andere Menschen und ihr Verhalten uns hilft, unsere soziale Umwelt zu verstehen und sie vorherzusagen …" (Aronson et al., 2014, S. 103; Kelley, 1967).

Was dieses Lehrbuch zu wenig beleuchtet und auch dem Filmbetrachter in aller Regel nicht bewusstwird, ist der Umstand, dass Filme stets eine fiktive Realität zeigen und streng logisch gesehen, daraus keine Schlussfolgerungen über den eigenen Alltag abgeleitet werden können. Der Zuschauer hat keine Chance zu erkennen, in welchem Ausmaß das Gezeigte sich auf die Realität übertragen lässt. Typischerweise dringt der Abgleich zwischen dem Handeln einzelner Figuren im Film und dem eigenen Erfahrungsschatz nicht in das Bewusstsein vor. Vielleicht unterliegen die aus unbewussten Schlussfolgerungen über das Verhalten einzelner Filmfiguren resultierenden Handlungen noch einem gewissen Realitätscheck, inwieweit sie passend sind oder nicht. Aber spätestens bei der Meinungsbildung über die Interaktion zwischen Menschen wird es schwierig zu erkennen, wie typisch und häufig vorkommend das im Film gesehene Verhalten ist, bei komplexen gesellschaftlichen Interaktionen ist dies sogar fast unmöglich.

→ Filmhinweis, z. B.: „Herbstsonate" (1978) von Ingmar Bergman; „Borgen" (Serie 2010–2022) von Adam Price (Stoffentwicklung)

Lust auf die Spiegelung des eigenen Alltags
Filmfiguren als wirkungsvolle Projektionsfläche (Hutzler, 2009) und Spiegel. Der Inhalt mancher – eher unspektakulärer – Filme ist die Spiegelung des eigenen Alltags. Filme, die der eigenen Lebensumgebung entsprechen, ohne sie 1:1 abzubilden, wirken auf den Zuschauer beruhigend und verlockend. So lässt sich zum Beispiel erklären, warum manche Kinderserien wie Peppa Pig (deutsch: Peppa Wutz) so erfolgreich sind, obwohl die Filmhandlung sehr unspektakulär ist. Die Kinder (und auch so manche Erwachsene) erkennen in diesen Filmchen ihr eigenes, ganz normales Leben und genießen es sehr.

Selbstgedrehte Filme aus dem eigenen Familienleben, welche die Realität, wenn auch selektiv, wirklich 1:1 abbilden, erfüllen dieses Bedürfnis nicht. Mit den Familienbildern sind sehr viele unbewusste Assoziationen und auch Erinnerungen rein sachlicher Art verbunden. Diese ergänzen und überlagern das im Familienfilm Gesehene. Zu viel strömt unbewusst auf den Betrachter ein. Dies erschwert es, sich in den Film entspannt zu vertiefen, wie es typischerweise bei Spielfilmen geschieht.

Zusätzlich verlieren Filme, die wir mehr als einmal anschauen, mehr und mehr an ihrer Neuigkeitsattraktivität. Dies alles erklärt, warum viele Menschen ihre Familienfilme im Endeffekt überraschend selten anschauen.

→ Filmhinweis, z. B.: „Die Kinder von Bullerbü" (Fernsehserie, 1960/1962) von Olle Hellbom; „Wir Kinder von Bullerbü" (1986) von Lasse Hallström oder „Peppa Wutz" (seit 2004) von Neville Astley und Mark Baker sowie viele „realitätsnahe" Fernsehserien mit Unterhaltungswert und ohne bedrohliche Handlung wie etwa Traumschiff (seit 1981) nach einer Idee von Wolfgang Rademann

Körperliche Gründe als Antrieb für Filmgenuss

Endokrinologische Optimierung
Einer der Gründe, warum wir Filme anschauen, besteht darin, dass dies unser endokrinologisches Gleichgewicht verbessert. Hormone steuern unser Verhalten. Es gibt bestimmte Hormone, deren Ausschüttung von uns als sehr angenehm erlebt wird. Daraus leitet sich ab, dass wir Filme anschauen, nicht weil unser Verstand, aber unser Körper um die hormonelle Reaktion weiß. Hier sind insbesonders, Oxytocin und Dopamin zu nennen.

Oxytocin-Ausschüttung geht einerseits mit einer Steigerung unseres Wohlbefindens einher, während andererseits gleichzeitig unser Stresssystem gehemmt wird. Nicole Strüber (2016, S. 46), aus dem Umfeld des zu seiner Zeit führenden Verhaltensphysiologen Gerhard Roth (†2023), schildert es in ihrem Buch „Die erste Bindung" so: „Verschiedene Auslöser führen zur Freisetzung von Oxytocin. Dazu gehören … auch positive und erfreuliche Ereignisse." Anfangs der enge Hautkontakt mit der Mutter und das Stillen, „später reicht alleine die geistige Vorstellung, um Oxytocin freizusetzen". Freigesetztes Oxytocin aktiviert unser Belohnungssystem hochgradig (Strüber, 2016, S. 134).

Das Dopamin wiederum führt dazu, dass wir aktiv diese Situationen, z. B. Filme, die unseren Oxytocin-Spiegel beeinflussen, aufsuchen. „Das Gehirn hat ein ausgeklügeltes System zur Einspeicherung von Informationen [über das,] … was irgendwann einmal zu Belohnungen geführt hat. … Mit Belohnung ist jegliches Wohlgefühl des Körpers gemeint" (Strüber, 2016, S. 136). Dopamin treibt uns also an, diesen oder jenen Film anzuschauen, da er mit einer Belohnung einhergehen könnte.

Somit ist die Analogie zu unserem Wunsch, Filme anzuschauen, das psychologische Versuchslabor, in dem Ratten immer wieder eine bestimmte Taste drücken, um sich angenehme Reize zu verschaffen.

Die biologische Forschung liefert auch Hinweise, warum verschiedene Menschen auf denselben Film unterschiedlich reagieren. „Sowohl das Gen für den Oxytocin-Rezeptor als auch das Gen für ein bestimmtes Enzym, das an der Freisetzung von Oxytocin im Gehirn beteiligt ist, können in Varianten vorliegen, die mit einer geringeren Oxytocin-Konzentration im Blut verbunden sind" (Strüber, 2016, S. 68). Wie Forschungsergebnisse zeigen, beeinflusst diese Genvariante zum Beispiel einerseits, mit wie viel Stressempfinden junge männliche Erwachsene auf gewalttätige Kampfsportszenen, die sie anschauen, reagieren, und andererseits, wie empathisch sie grundsätzlich sind (Strüber, 2016, S. 70).

➜ Filmhinweis, z. B.: „Kirchblüten – Hanami" (2008) von Doris Dörrie

Physiologisch wohltuende Abwechslung von Erregung und Entspannung
Wie am Meer das beruhigende Gleiten von Ebbe und Flut erzeugt auch das Anschauen von Filmen einen Wechsel von physiologischer Erregung und darauffolgender Entspannung. Eine solche Erregungsstärke mittlerer Intensität, wie sie beim Reizwechsel in Filmen auftritt, stimuliert unsere

Belohnungszellen (Mikunda, 1986, S. 144 f.). Dies führt zu lustvollen Empfindungen. Bei lauten, schrillen Szenen kommt es durchaus vor, dass unter anderem Zellen aktiviert werden, die mit Abwehrreaktionen („defense reactions") einhergehen. Allerdings ist erwiesen (Berlyne, 1974), dass der Rückgang einer solchen, zu starken Aktivierung – also die Auflösung einer solchen „Über"-spannung – als angenehm empfunden wird.

Es ist auffällig, dass manche Filme und Werbespots im Fernsehen sehr wechselhaft in ihrer Lautstärke sind. Es gelingt in diesen Fällen nicht, die Lautstärke so einzustellen, dass es angenehm ist und gleichzeitig alles verstanden werden kann. Gemäß der soeben geschilderten Ursache für Filmgenuss könnte die Ursache für diese Ungemütlichkeit nicht in filmischem Ungeschick oder zu starkem Heischen nach Aufmerksamkeit liegen, sondern auch in der Kenntnis des Filmschaffenden über diese Theorie von Mikunda.

→ Filmhinweis, z. B.: „JFK" (1991) von Oliver Stone

Tiefenatmung
Atmung als Grundprinzip von Libido und Thanatos: Der Autor dieses Buches saß im Kino. Der Film, den er sah, war überraschender weise sehr spannend. Allerdings überwog der Forscher in ihm, und so war er im Rausch der Selbstbeobachtung: Einatmen, Atem anhalten, Atmen vergessen, intensives stoßendes Ausatmen und die Entspannung genießen. Oft werden diese Atemrhythmen sehr geschickt durch die Filmmusik begleitet, wenn nicht sogar manchmal bei sehr professionellen Filmen durch diese gesteuert.

In seinem Werk „Triebe und Triebschicksale" (Freud, 1915) vermutet Sigmund Freud, dass ein Ziel des Lustprinzips sein könnte, jegliche Spannung zu beseitigen.

Später in „Jenseits des Lustprinzips" (1920) formuliert er zunächst ganz plakativ und schriftlich hervorgehoben:

„Das Ziel alles Lebens ist der Tod" (Freud, 1920, S. 40), um dann später zu erläutern: „Daß wir als die herrschende Tendenz des Seelenlebens, vielleicht des Nervenlebens überhaupt, das Streben nach Herabsetzung, Konstanterhaltung, Aufhebung der inneren Reizspannung erkannten (das Nirvanaprinzip nach einem Ausdruck von Barbara Low), wie es im Lustprinzip zum Ausdruck kommt, ..." (Freud, 1920 S. 60).

Die Bedeutung dieser Theorie von Freud lässt sich an einem eingängigen Beispiel veranschaulichen: Das eigentliche Ziel der Sexualität ist demgemäß nicht der sexuelle Höhepunkt, sondern die wohlige Ruhe danach.

Dieser Auffassung von Freud sind allerdings nur wenige seiner Schüler gefolgt, etwa Paul Federn, der für den „Todestrieb" aus der griechischen Mythologie abgeleitet den Begriff „Thanatos" einführte, oder Wilhelm Reich, der in seinem Buch „Die Funktion des Orgasmus" (Reich, 1927) das Konzept auf die Sexualität bezogen vertiefte.

Thanatos ist eine Gestalt aus der griechischen Mythologie. Es handelt sich um den Sohn der Nacht (Nyx) und der Finsternis (Erebus) sowie um den Bruder des Schlafes (Hypnos). Thanatos wird als die Personifikation des eher sanften Todes angesehen.

Wenn ein Film uns so ergreift, dass wir eine ganze Zeit lang den Atem anhalten, ist dies der erste Thanatos-Moment. In diesem sind wir vollkommen losgelöst und körperlich sozusagen eingefroren. Wir verharren vollkommen in uns, bis das Ausatmen zu einer intensiven Ruhephase führt, dem zweiten Thanatos Moment. Dann setzt aufgrund des Luftbedarfs plötzlich und ruckartig mit dem nächsten, tiefen Atemzug wieder das Leben ein. Wird die Anspannung in dem Film in den folgenden Sequenzen aufrechterhalten, können weitere Thanatos-Momente folgen. Filme, die uns wiederholt in einen solchen Zustand der ruhenden, absoluten Bewegungslosigkeit versetzen, schauen wir gerne an.

Gerade Filme, die so spannend sind, dass sie unseren Atemfluss verändern, scheinen mit einem Gefühl der Erholung verbunden zu sein. Woran kann dies liegen? Atmen geht mit Anspannung und Entspannung von Sympathikus und Parasympathikus einher. „Sympathikus und Parasympathikus sind Teil des vegetativen Nervensystems. Sie sind funktionell gesehen meist Gegenspieler: Während der Sympathikus den Organismus auf eine Aktivitätssteigerung (‚fight or flight' [Kampf oder Flucht]) einstellt, überwiegt der Parasympathikus in Ruhe- und Regenerationsphasen (‚rest and digest' [Ausruhen, Entspannen, Verdauen])" (Thieme, 2024). Das leicht ruckartige Einatmen im Moment der Spannung aktiviert den Sympathikus. Dann wird die Luft vor Anspannung angehalten. Infolgedessen kommt es beim Nachlassen der Spannung zu einem länger dauernden, tiefen Ausatmen. Dies führt zu einem tieferen als üblichem Einatmen. Das wiederrum aktiviert den Parasympathikus, da es so tief sein kann, dass es auch die Bauchatmung aktiviert. Dieser Prozess geht mit einem starken Entspannungsgefühl einher.

Warum? „Weil tief im Bauch viele Nervengeflechte des Parasympathikus verborgen sind und wir durch deren Aktivierung innerlich ruhiger werden" (Purps-Pardigol, 2024). Und auch eine zweite von Purps-Pardigol (2024) aufgeführte Möglichkeit, den Parasympathikus zu aktivieren, greift beim intensivem Filmerlebnis: Länger ausatmen als einatmen.

Auf diesem Wege durchläuft der Zuschauer während einer spannenden Filmsequenz einen tiefen Entspannungszyklus. Bis, bei einem professionellen Film gut getimt, nach einer „Erholungsphase" der nächste Spannungszyklus beginnt. Die intensiv erlebten Thanatos-Momente sind ein weiterer uns in der Regel nicht bewusster Grund, warum wir immer wieder Filme anschauen.

Es gibt auch jenseits des Filmgenusses eine Reihe von Hinweisen, welche die Bedeutung des in Ruhe Verharrens als erstrebenswertes Ziel andeuten. Zum Beispiel bildet üblicherweise am Ende von Yogastunden die Yogaübung Shavasana, die Totenstellung, den Abschluss. Vermutlich tragen diese abrundenden Minuten vollkommener Entspannung dazu bei, dass man auch zukünftig bereit ist, die Kraftanstrengung der verschiedenen Yogastellungen auf sich zu nehmen.

Beim gemeinsamen Filmgenuss mit anderen, welche die Handlung ähnlich erleben, harmonisiert sich die Atmung der Zuschauer. Im Sinne der oben aufgeführten Thanatos-Erklärung kommt es zu einem durch den Film induzierten gemeinschaftlichen Atmen. Die Forschung zum NLP (der Neuro-Linguistischen Programmierung) hat gezeigt, dass intuitiv gleichgeschaltetes Verhalten das Gefühl einer Verbundenheit mit anderen fördert. Beim gemeinsamen Anschauen eines Films in räumlicher Nähe entsteht, nicht nur durch die von dem Kinositz geförderte gleichartige Körperhaltung, sondern auch durch das gemeinsame Atmen gemeinschaftliche Harmonie.

→ Filmhinweis, z. B.: „Gravity" (2013) Alfonso Cuarón

Embodiment
Filmerlebnis im Zuge des Embodiment, also der optimalen Wechselwirkung zwischen Geist und Körper. Realität und Alltag sind anstrengend. Aufgrund der Beschränkungen des menschlichen Informationsverarbeitungssystems ist es gemäß der Embodiment-Theorie sinnvoll, die kognitive Belastung durch verschiedene Strategien zu reduzieren. Der Zuschauer weiß, dass die Filmwelt keine Realität ist, und kann somit einige innere Systeme unbesorgt abschalten. Im Gegenteil, zusätzlich wird er mit einer ganzen Anzahl spannender oder auch schöner Gefühle versorgt, um die er sich aber nicht näher kümmern muss, da sie keine Realität sind. Wie sehr uns Filmgenuss sedieren kann, verdeutlicht Spit-

zer (2007, Min. 05:53), der darauf hinweist, dass beim Fernsehschauen der Energiehaushalt sehr weitgehend heruntergefahren wird: „Wir wissen nämlich, dass wenn Sie Fernsehen schauen, nimmt Ihr Muskeltonus ab. … Sie verbrauchen dabei weniger Kalorien, als wenn Sie auf der Couch liegen und gar nichts tun. … Der Körper schaltet sozusagen aktiv die Muskeln ab." Daraus resultiert, was Anderson und Burns (1991) als „Aufmerksamkeitsträgheit" (Attention Inertia) bezeichnen. Alles Körperliche wird vergessen. Nur der außer uns sich befindende Film ist noch existent.

Dieser Idealzustand des Embodiment dürfte bei allen Filmen greifen, welche uns nicht zu sehr erregen. So wird verständlich, warum wir ab und zu weiter zuschauen, obwohl uns eine Serie oder ein Film nicht wirklich fesselt. Es ist in diesen Fällen so angenehm, in dem Zustand der Ruhe, der Trägheit, des optimierten Energiehaushalts zu verharren, dass Alternativen, die eigene Zeit zu verbringen, erst gar nicht in Erwägung gezogen werden. Dies dürfte auch ein weiterer Grund sein, warum manche Zuschauer zu echten Serienjunkies werden. Es ist im vorneherein klar, dass man auch bei der nächsten Folge wieder in den angenehmen Zustand des Embodiment verfallen wird. Warum sich dann die Mühe machen und darüber nach denken, ob es besser wäre, das Anschauen der weiteren Folgen der Serie zu unterlassen, um einen ganz anderen Film aus dem heutigen Überangebot auszuwählen.

Die Embodiment-These ist eine schlechte Nachricht für alle jene, die zwei Fliegen mit einer Klappe schlagen wollen: nämlich Sportübungen, um Kalorien zu verbrennen, und gleichzeitig Filme anschauen. Filmgenuss und sportliche Betätigung stehen zueinander im Widerspruch, da der optimale Energiesparhaushalt durch die regelmäßige Bewegung gestört wird.

2 Wieso schauen wir Filme an?

Der Wunsch nach imaginierter leiblicher Bewegung
Während wir Filme anschauen, bewegen wir uns kaum. Trotzdem ist unser Körper anwesend und die Szene, die wir betrachten, löst gemäß der Auffassung von Mikunda (1986, S. 169 und S. 224) imaginierte leibliche Bewegung und somit Körpergefühle aus. Eine solche körperliche Empfindung ist seiner Meinung nach ein menschliches Grundbedürfnis. Dies wird zum Beispiel befriedigt, wenn die Hauptfigur eine Straße entlanggeht oder wir im Film bei einer Autofahrt sehen, wie eine Landschaft an uns vorbeizieht.

Diese Fokussierung auf externe Bewegung ist anthropologisch in uns angelegt. Wir haben Detektoren, um Bewegungen links von uns zu sehen, und solche für Bewegungen auf der rechten Seite. Wir haben zusätzlich solche, um zu erkennen, ob etwas auf uns zukommt. In der Urzeit war diese große Reaktionsfreude zur Bewegungserkennung entscheidend, um zum Beispiel rasch genug auf angreifende Raubtiere zu reagieren (Trice & Greer, 2019, S. 90).

Der grundlegende Mechanismus ist vermutlich verwandt mit dem bei kleinen Kindern, die es in der Schaukel sitzend lieben, endlos lang von den Eltern auf dem Spielplatz angeschubst zu werden. Auch das Karussellfahren, das Rodeln oder zum Beispiel bei Erwachsenen die Achterbahnfahrt dürften unter anderem, wenn nicht sogar primär, hieraus ihre Attraktivität gewinnen.

Wer ausreichend viele Filme anschaut oder Action-Computerspiele spielt, muss keine mühsamen Sportübungen auf sich nehmen, um sich wohlzufühlen.

Wie leicht und schnell imaginierte Bewegung funktioniert, kann man erleben, wenn man mit kleinen Kindern auf den Spielplatz geht. Überrascht stellt man fest, wie es der eigene Körper spürt, wenn das Kleinkind schnell von einer Rutsche plumpst und einem selbst deswegen plötzlich das Herz in die Hose rutscht.

➜ Filmhinweis, z. B.: „Tár" (2022) von Todd Field; der Kurzfilm „Schwarzfahrer" (1993) von Pepe Danquart (https://www.youtube.com/watch?v=nWnSv0MMTns)

Aus der frühen Kindheit stammende Ursachen für Filmgenuss

Hierzu sind vier Theorien zu nennen:

➜ Regressive Rückkehr zur Mutter (Szondi/Baudry)
➜ Verarbeitung frühkindlicher Erlebnismuster (Lorenzer)
➜ Aufarbeitung der mit frühkindlichen Intensiverfahrungen verbundenen Gefühle (Janus)
➜ Bindung und Beruhigung frei flottierender Energie (Levine)

Regressive Rückkehr
Film als Befriedigung des Bedürfnisses nach regressiver Rückkehr zur Mutter. In seinem Buch „Panorama des Unbewussten" bezieht sich Schumacher auf die Theorien von Peter Szondi: „Auf allen möglichen Wegen versucht der Mensch von neuem zu der verlorenen, innigen Dualunion mit einer Mutter zu kommen ..." (Schumacher, 2021, S. 33)

Menschen begeben sich also jenseits der Wirklichkeit, um dort das verlorene Einssein wieder zu erleben: Partizipation im Film als Ersatz für die verlorene Mutter. Das vollkommene Versinken in den Film, das soeben geschilderte Abschalten der Körperfunktionen, führt quasi zu einer selig-wohligen Rückkehr in den Uterus (Szondi, 1956, S. 411).

In analoger Weise argumentiert auch ein anderer Doge der psychoanalytischen Filmtheorie: Jean-Louis Baudry (1994, S. 1067). Er geht davon aus, dass der Film den Wunsch erfüllt, archaische Befriedigungsformen wiederzufinden, die im Grunde jeden Wunsch strukturieren würden.

Seiner Theorie gemäß besteht eine Verbindung zu der Auffassung, dass die Grundform des Traums die halluzinatorische Vorstellung der mütterlichen Brust sei, an welcher der Säugling immer wieder einschlief. Das Bild gesättigter Müdigkeit bildet die Urform, auf die alles spätere Träumen und Filmeanschauen zurückgreift. So schlummern wir uns gemäß Baudry im Kino zurück in das Paradies babyhafter Geborgenheit.

Verarbeitung leiblich gestischer Symbolik
Film als Folge frühkindlicher Erlebnismuster. Es gibt gemäß Lorenzer eine früh gebildete leiblich-gestische Symbolik, die vorsprachlicher, quasi bildlicher Art sei (Reinke, 2013). Diese Symbolik verlangt nach Verarbeitung und Wahrnehmung. Es gehe um die Hermeneutik, also darum, die Sinnzusammenhänge des Leibes zu verstehen.

Auf Basis dieser Voraussetzung lässt sich im Sinne von Lorenzer wie folgt argumentieren: Das Anschauen von Filmen hilft, dass aus dem bewussten Denken und dem Erleben Herausgefallenes [auch Verdrängtes?!] wieder Resonanz findet. So wird das Verlangen nach Verarbeitung und Wahrnehmung dieser vorsprachlichen Erlebniseindrücke befriedigt. Deswegen zieht es uns zu Filmen.

Die dahinterliegende Komplexität des Gedankenganges von Lorenzer und auch die Kompliziertheit der Formulierung dieser Theorie verdeutlicht sehr anschaulich Reinke (2013) in ihrem Buch über Alfred Lorenzer: „Die Bildung präsentativer Symbolik steht in seiner Begriffsfassung … am Anfang des Prozesses der Symbol- und damit der Subjektbildung. … [Bei den präsentativen Symbolen] ist die strenge Bindung an den Begriff zugunsten der Fantasie gelockert. … Entsprechend ihrer ‚leibhaftigen' und ‚bildhaften', das heißt das Begriffliche transzendierenden Ebene verlangt die präsentative Symbolik ‚kategorisch nach Verarbeitung und Wahrnehmung' …" (Reinke, 2013, S. 10).

Bindung und Beruhigung frei flottierender Energie

Gemäß dieser Theorie geht es darum, durch Filmgenuss frei in uns flottierende Energie zu binden. Wie entsteht dieses unspezifische Energiequantum in uns Menschen? In „Jenseits vom Lustprinzip" (1920) beschäftigt sich Freud mit dem Problem, dass Erlebnisse den Reizschutz eines Menschen durchbrechen können.

Er geht davon aus, dass Menschen normalerweise in vielen kritischen Situationen durch die Aktivierung ihrer Angstbereitschaft geschützt sind. Für den Fall, dass wirklich etwas Kritisches oder Gefährliches geschieht, hilft diese aktivierte Bereitschaft das Geschehende, rasch in die dafür vorgesehenen reizaufnehmenden Systeme zu überführen. Dadurch gelingt es, die ankommenden Erregungsmengen zu binden.

Ganz anders verhält es sich, wenn die kritische Situation ganz plötzlich, schlagartig aus heiterem Himmel auftritt und der Mensch auf diese nicht angemessen vorbereitet ist. Ist dies der Fall, können die ankommenden Erregungsmengen nicht gebunden und dadurch neutralisiert werden.

Es gibt gemäß Freud noch eine zweite, anders geartete Ursache für das Versagen der aufnehmenden Systeme. Dies sei der Fall, wenn ein einschneidendes Erlebnis eine gewisse Stärke überschreitet, wie es etwa bei sehr traumatischen Erfahrungen geschieht.

Nächtliche Träume können bei dem Versuch, Traumata zu verarbeiten, helfen, indem sie den Betreffenden in die Situation des traumatischen Ereignisses, zum Beispiel einen Unfall, zurückführen. Ein ähnlicher, lösender Mechanismus wie im Traum kann bei der Betrachtung von Filmen auftreten, sofern eine gewisse Erregungsschwelle beim Zuschauer nicht übertreten wird.

In jedem von uns existieren, in vermutlich sehr unterschiedlichem Ausmaß, ungebundene Erregungsmengen, welche in der frühen Kindheit entstanden sind. Bei kleinen

Kindern ist die geistig-seelische Entwicklung und somit die Verarbeitungskapazität noch nicht so vorangeschritten. Aus diesem Grund entstehen bei ihnen öfters die durch nicht verarbeitbare Erfahrungen entstehenden, ungebundenen Erregungsmengen. Gerade auch diese werden – so kann man im Sinne dieser Erklärung argumentieren – Jahre und Jahrzehnte später durch das Betrachten von Filmen zumindest zeitweise befriedet.

Verarbeitung frühkindlicher Erlebnismuster
Sehr ähnlich wie Freud argumentieren die sogenannten Psychohistoriker. Filme sind ihrer Ansicht nach ein Hilfsmittel, um Erlebnisse aus der frühen Kindheit zu verarbeiten. Statt sich auf relativ unklar formulierte „Erlebnismuster" zu beziehen, setzen die Psychohistoriker, deren führender Vertreter in Deutschland Ludwig Janus ist, bei konkreten frühkindlichen Gefühlserfahrungen an.

Die prä- und perinatalen Tiefenpsychologie geht davon aus, dass gerade auch sehr frühe Erlebnisse des Fötus und des Säuglings uns ein Leben lang prägen. Wir sind in Kindheit, Jugend und auch im Erwachsenenalter damit beschäftigt, sehr frühe Belastungen zu verarbeiten, um ein in sich stimmiges Ich zu etablieren. Wie gut dies gelingen kann, hängt einerseits davon ab, wie traumatisch diese prä- und perinatalen Erlebnisse waren, und andererseits, wie günstig unser Umfeld den Erziehungs- und Entwicklungsprozess gestalten konnte.

Janus (2024) formuliert es so: „Eine wesentliche Aufgabe der Entwicklung hin zum Erwachsenen scheint darin zu liegen, die verschiedenen Erlebensschichten immer neu in einer stimmigen Weise aufeinander zu beziehen. In Träumen, Spielen und Fantasien, Körperempfindungen und gefühlshaften Erwartungen kann etwas von ganz frühen Gefühlen im aktuellen Erleben gegenwärtig sein. Dies gilt insbesondere dann, wenn in der Frühzeit bestimmte

Erlebenskomplexe nicht integrierbar waren. Das Nicht-Integrierte lebt mit der ihm eigenen Intensität in uns fort…" Somit zieht es uns zur Filmbetrachtung, um die Ich-Integration der eigenen Psyche zu fördern.

Dies ist besonders relevant, wenn die Startbedingungen in das eigene Leben nicht günstig waren. Da problematische Ausgangsbedingungen in Hinsicht auf Herkunft und Erziehung die Chance senken, ein hohes sozioökonomisches Niveau zu erreichen, liefert diese Theorie eine zusätzliche Erklärung, wieso Menschen aus einer niedrigeren sozioökonomischen Schicht oft einen höheren Fernsehkonsum haben.

In eine ähnliche Richtung argumentiert Levine et al. (2013), der ebenfalls an Freuds Theorie der Repräsentationen anknüpft: Es ist für Menschen typisch, körpernahe Affektzustände oder Erregungsabläufe zu erleben, die nicht in die bedeutungsvolle psychische Welt eines Subjekts integriert sind. Es handelt sich also um Unrepräsentiertes, das, anders als die an Repräsentanzen gebundenen Triebdynamiken, nicht nur formlos ist, sondern – und das ist entscheidend – sich nicht mit anderen Wahrnehmungen, Vorstellungen, Erinnerungen, Fantasien, Assoziationsketten und Worten verbinden kann. Dieses Energiequantum entsteht (und hier ist seine Auffassung nahe bei jener der Psychohistoriker) gerade auch in der frühen Kindheit und es verlangt nach Entladung. Da es weder Form noch Gestalt hat, muss es unter Verwendung eines beliebigen Kontexts durch Handlungen oder halluzinatorische Aktivitäten wie den Traum entladen werden. Sofern man dieser Gedankenkette folgt, dürfte das Anschauen von Filmen eine weitere Möglichkeit sein, dieses Energiequantum zu besänftigen (Levine, 2014, S. 794; Botella, 2015).

Der Unterschied zwischen den Psychohistorikern und Levine ist wohl, dass Erstere die Integration des Ichs, also das Ziel des in sich ruhenden Menschen, in den Vordergrund stellen, während Levine primär den Fokus auf die Verarbeitung frei flotierender Energie richtet.

Intellektuelle Auslöser für Filmgenuss

Ästhetischer und kultureller Genuss als Teil der Selbstverwirklichung

Für diese Ursache gibt es zwei Quellen, die durchaus verbunden sein können. Einerseits der Wunsch, einen komplexen, künstlerisch gut gemachten Film auf sich wirken zu lassen und intellektuell zu durchdringen.

Außerdem kann bei diesem rational getönten Motiv für die Filmbetrachtung auch die Freude an Schönheit, an vollkommener Ästhetik eine bedeutsame Rolle spielen. Umberto Eco, der sich intensiv mit dem Konzept des Schönen auseinandergesetzt hat, bringt hierzu einen Gedanken der perfekt zu den Filmwelten passt: „Jawohl, ich glaube, dass die Erfahrungen des Schönen im Lauf der Jahrhunderte immer so gemacht worden ist, als stünde man rücklings vor etwas, zu dem man nicht gehört und auch nicht unbedingt gehören will. In dieser Distanz liegt die feine Grenze, die die Erfahrung des Schönen von anderen Formen der Leidenschaft trennt" (Eco, 2019, S. 60).

Es ist naheliegend, dass sich Filmbesucher mit den unter diesem Punkt genannten Gründen für die Filmbetrachtung unter anderem durch ihren kulturellen Anspruch von der Allgemeinheit unterscheiden wollen. Die innere Überzeugung, durch den anspruchsvollen Filmgenuss zur kulturellen Elite der Gesellschaft zu gehören, kommt hier zum Tragen. Als Folge hiervon ist vermutlich auch von einem gesteigerten Selbstwertgefühl auszugehen. Dieser Gedankengang folgt Bourdieu, der die soziale Differenzierung für eine wichtige Motivationsquelle von Menschen hält.

→ Filmhinweis, z. B.: „Coffee and Cigarettes" (2003) von Jim Jarmusch

Freude an Filmanalyse
Ein etwas anders gearteter Genuss, Filme anzuschauen, ist, sie unter dem Aspekt der Filmanalyse zu betrachten. Hierbei gibt es dank der Komplexität des Mediums Film eine beeindruckende Spannbreite denkbarer Aspekte, auf die es sich lohnt zu achten:

Wie entwickelt sich der Handlungsstrang des Films? Wie stimmig und plausibel ist die Handlung des Films? Was wären denkbare Alternative für den Fortgang und das Ende des Films? Wie setzen die Schauspieler Akzente, wie füllen sie die Rolle aus? Wie wird die Musik im Film eingesetzt? Wie werden die Szenen von der Kameraperspektive, von den Lichtverhältnissen, vom Schnitt, her gestaltet?

Die soeben genannten Aspekte sind nur einige Beispiele für Ansatzpunkte bei einer Filmanalyse.

→ Filmhinweis (Fokus Filmgestaltung), z. B.: „Schweigen der Lämmer" (1991) von Jonathan Demme; (Fokus Schauspieler), z. B.: „Manifesto" (2015) von Julian Rosefeldt

Politischer Genuss
Filme schauen, weil man sich in seinen Ansichten und der eigenen politischen Haltung bestätigt fühlen will.

→ Filmhinweis, z. B.: gegen US-Waffengesetze „Bowling for Columbine" (2002) von Michael Moore; z. B. gegen Präsident Donald Trump: „Fahrenheit 11/9" (2018) von Michael Moore

Die drei zuletzt aufgeführten „intellektuellen" Gründe beeinflussen bei manchen Menschen die Neigung, Filme anzuschauen. Allerdings ist zu bezweifeln, dass diese die alleinige Ursache für die Filmbetrachtung sein können. Diverse andere der vorher genannten Aspekte dürften ebenfalls eine Rolle spielen und wahrscheinlich, sei es dem Betreffenden bewusst oder nicht, sogar die ausschlaggebenden Ursachen sein, warum er Filme anschaut. Als zusätzliches Motiv sind diese drei Aspekte also denkbar, aber als primäres eher unwahrscheinlich.

Es empfiehlt sich, hier auch auf den gemeinschaftsbezogenen Aspekt zu fokussieren. So kann es durchaus sein, dass jene, die einen Film wegen des ästhetischen und kulturellen Anspruchs anschauen, den Prestigegewinn wegen ihres herausgehobenen Geschmacks genießen. Jene, die einen Film wegen der Freude an der Filmanalyse besuchen, genießen es vielleicht gleichzeitig, Mitglied einer realen oder virtuell fantasierten Gruppe der Filmexperten zugehörig zu sein. Bei der politischen Motivation ist die Bezugsgruppe, in der sich der Betreffende wohlig aufgehoben fühlt, die Gemeinschaft all derer, mit denen er die gleiche politische Meinung teilt.

Weitere, flankierende situative Gründe

Es gibt zusätzliche Faktoren, die nicht primär psychologischer Natur sind, sondern situativ wirken. So erhöht sich die Wahrscheinlichkeit, einen Film anzuschauen, weil ein Mensch oder eine Gruppe sich langweilen. Für manche Menschen ist es einfacher, zum Zeitvertreib einen Film anzuschauen, als miteinander über längere Zeit ein Gespräch zu führen. Manche lieben die Überraschung. Deswegen gehen sie in sogenannte „Sneak Preview"-Aufführungen, bei denen die Besucher vorher nicht wissen, welcher Film gezeigt werden wird.

Selbst wenn berücksichtigt wird, dass manche der aufgeführten Ursachen für Filmbetrachtung sich nur in Nuancen unterscheiden, überrascht die Anzahl, welche die sorgfältige und umsichtige Analyse aufspürt. Es ist davon auszugehen, dass bei der Betrachtung eines Filmes meist mehrere dieser aufgeführten Gründe relevant sind. Viele ergänzen sich sehr gut. Die Relevanz dürfte zumindest bei einigen der aufgeführten Ursachen von Mensch zu Mensch sehr variieren. Dieses große und beeindruckende Spektrum erklärt neben den im folgenden Kapitel dargestellten Motivverstärkern, warum wir einen beeindruckend großen Teil unserer Zeit mit der Betrachtung von Filmen verbringen.

Warum zieht es uns immer wieder zum Anschauen von Filmen?

Im Großen und Ganzen gibt es drei Gründe, warum wir immer wieder Filme anschauen.

Erstens wird, wie die 29 aufgeführten Ursachen zeigen, ein Ausgangszustand durch die Filmbetrachtung zum Positiven hin verändert. Bedürfnisse von uns werden befriedigt. Nach dem Filmgenuss geht es uns stets anders und meist besser als vorher.

Zweitens findet ein Lernprozess statt. Mit jedem positiv erlebten Abschluss der Filmbetrachtung lernt der Zuschauer, dass es sich lohnt, Filme anzuschauen. Trice und Greer (2019, S. 97 ff.) unterscheiden den beim Anschauen von Filmen stattfindenden Lernprozess auf folgende Weise:

- Klassische Konditionierung: Wenn zwei Reize immer wieder gleichzeitig auftreten, werden sie mit der Zeit aneinandergekoppelt. Es ergeht uns wie den Hunden von Pawlow, bei denen die Speichelsekretion nicht erst mit dem Fressvorgang begann, sondern bereits beim Anblick des Futters.

2 Wieso schauen wir Filme an?

- Instrumentelles Lernen: Wenn eine bestimmte Aktivität gefühlsmäßig immer wieder mit einer Belohnung einhergeht, wird die Wahrscheinlichkeit, dass dieses Verhalten gezeigt wird, erhöht. So hat der Psychologe B.F. Skinner, der im letzten Jahrhundert auf diesem Gebiet wegweisende Forschung betrieben hat, Ratten erfolgreich beigebracht, immer wieder einen bestimmten Hebel zu drücken, ähnlich wie wir es tun, wenn wir unser Handy in die Hand nehmen oder den Fernseher einschalten.
- Beobachtungslernen: Wir lernen dadurch, dass wir andere beobachten. Sehen wir, wie andere von Filmen gefesselt sind, äußern sich Mitmenschen positiv über Filme, die sie angeschaut haben, oder erleben wir, dass sie nach Filmgenuss positiv gestimmt sind, erhöht dies unsere eigene Neigung, Filme anzuschauen.

Wird die Tendenz, Filme anzuschauen, geschwächt, wenn ab und zu Filme dabei sind, die uns nicht gefallen, die enttäuschen? Nein, im Gegenteil. Die Psychologie spricht hierbei von „intermittierender Verstärkung". Immer wieder auftretende, einzelne Erfahrungen, die nicht mit einer Belohnung einhergehen, führen dazu, dass das gezeigte Verhalten hartnäckiger bestehen bleibt als bei regelmäßiger Belohnung.

Drittens unterliegen wir Menschen, wie schon Sigmund Freud (1914/2000, S. 205–215) aufzeigte, dem Wiederholungszwang. Alle Menschen, auch jenen, die mit ihrem Leben gut zurechtkommen, weisen immer wieder seelische Spannungszustände oder auch Problematiken auf, die mehr unbewusst als bewusst nach Spannungsabfuhr streben. Wie bereits dargestellt kann Filmgenuss hierbei hilfreich sein; etwa durch die Absenkung einer leicht aggressionsgeladenen inneren Unruhe. Wenn die zugrunde liegende individuelle Bedürfnislage bzw. Problematik durch das Anschauen des Films zwar gelindert, aber nicht nachhaltig gelöst wird, kommt es zum Wiederholungszwang.

Ohne sich dessen bewusst zu sein, werden immer wieder Filme einer bestimmten Art angeschaut, im guten Glauben, dass dies eben der individuelle, persönliche Filmgeschmack sei. In Wahrheit wird ein Bedürfnis befriedigt, ohne dass es nachhaltig aufgelöst wird. Dies erklärt z. B., warum Western-Fans nie genug von Western kriegen können, Krimifans von Krimis und Fernsehserien so manches Programm dominieren.

Der Wiederholungszwang erklärt, wieso wir immer wieder ähnliche Filme anschauen, und ab und zu selbst dann, wenn wir denken, dass wir zu viel Zeit vor der „Glotze" verbringen.

Die Forschungswerkstatt Tiefenhermeneutik setzt noch einen besonderen Akzent, indem sie den Wiederholungszwang in den Dienst der Befriedigung ausgeschlossener Lebensentwürfe stellt. Sie verdeutlicht: „Unter dem Druck des Wiederholungszwangs setzen sich … ausgeschlossene Lebensentwürfe durch … und stören … durch Fehlleistungen, Impulsdurchbrüche und andere irrationale Verhaltensreaktionen." Man kann Filmgenuss demgemäß als eine Variante solcher Impulsdurchbrüche verstehen (Tiefenhermeneutische Kulturanalyse – Forschungswerkstatt Tiefenhermeneutik, 2023).

Gemäß Loewald (2021) gibt es eine wichtige Unterscheidung, die auch zur Selbstdiagnose genutzt werden kann. Es ist nämlich zu trennen zwischen einerseits der aktiv aufgesuchten Wiederholung und andererseits dem Ausgeliefertsein an die Wiederholung.

Die Gefahr der Befriedigung durch Wiederholungszwang besteht darin, dass der Filmzuschauer durch die mit den Filmen verbundene Befriedigung im Status quo gefangen wird, ungefähr so wie ein Hamster im Hamsterrad. Das ewig Gleiche verhindert oder behindert die Entwicklung neuer, anderer Wege, um das dem Wiederholungszwang zugrunde liegende Problem aufzulösen oder zumindest nachhaltig abzuschwächen (Löchel, 2022).

Statt Filmhinweisen, hier nun zwei Leitfragen zur Selbsterforschung: „Gibt es ein oder zwei Filmgenres, die ich immer wieder sehr gerne anschaue?", „Was könnte hierbei mein innerseelisches Bedürfnis sein, das befriedigt werden will?" Und bitte bei der Beantwortung der Fragen nicht zu streng sein mit sich selbst. Wenn Sie immer wieder gerne Splatter-Filme anschauen, bei denen exzessive Gewalt und Blut im Vordergrund stehen, spiegelt diese Filmleidenschaft Ihre persönliche Bedarfslage wider. Dies sollte von Ihnen und Ihren Mitmenschen nicht negativ bewertet werden. Wirklich bedeutsam ist lediglich, wie partnerschaftlich Sie in Ihrem täglichen Kontakten gegenüber allen anderen Menschen sind.

Warum schauen wir nicht dauernd Filme oder immer wieder den gleichen Film an, der uns beim ersten Anschauen so sehr begeistert hat wie noch kein anderer? Das liegt an den Mechanismen vom Grenznutzen und der biologisch in uns verankerten Habituation.

Der Film, den wir zum wiederholten Male anschauen, bleibt stets gleich. Aber von unserer Reaktion aus geschehen kann es keine identische Wiederholung geben (Derrida, 1976; Deleuze, 1992/2007). Hier kommt auch das Phänomen des abnehmenden Grenznutzens zum Tragen. Damit ist gemeint, dass jede weitere Wiederholung etwas schwächer wirkt als die vorhergehende Betrachtung des Films. Mit jeder in einem Rutsch gegessenen Erdnuss lässt der Reiz der nächsten Erdnuss nach, bis wir vollends von der aktiven Wiederholung in die ausgelieferte Wiederholung abgerutscht sind, obwohl es uns gar nicht mehr schmeckt. Somit ist im Interesse derer, die dem Spielfilmanschauwiederholungs- oder dem Seriennachtsitzungszwang erlegen sind, Folgendes zu hoffen:

Die Qualität der neu produzierten Spielfilme in dem Genre steigt stetig.
Das dem Wunsch zugrunde liegende innerpsychische Motiv löst sich langsam auf.

Das Intervall zwischen den einzelnen Filmen kann so groß gestaltet werden, dass sich eine solide neue Freude auf den nächsten Film, die nächste Erdnuss, entwickeln kann.

Das Problem des Ausgeliefertseins an die Wiederholung wird durch das Phänomen des Grenznutzens abgemildert, da dieser, soweit es unsere innere Reaktion auf die Filmbetrachtung betrifft, eine biologische Wurzel hat: die Habituation. Diese besagt, dass „die empfundene Stärke eines andauernden Reizes mit der Zeit abnimmt". Dieses Phänomen ist tief in uns Menschen verankert. Der Berliner Kinderarzt Albrecht Peiper fand bereits 1925 heraus (Peiper, Wikipedia 2024), dass „Ungeborene bereits durch verändertes Strampeln auf Laute reagieren. Seine Beobachtungen zeigten, dass die Reaktionen der Ungeborenen auf eine Autohupe umso schwächer ausfielen, je öfter sie den Lauten ausgesetzt worden waren".

Auch ist die „Habituation reizspezifisch: Die Reaktion verändert sich nur in Bezug auf den ganz bestimmten Reiz. Dies unterscheidet die Habituation von der Ermüdung. Wird ein *anderer* Reiz dargeboten, ist die Reaktion auf ihn unvermindert stark". Dies bedeutet, dass der gleiche Film die dem Anschauen zugrunde liegenden Bedürfnisse nicht mehr erfüllt, aber andere, im Wirkmechanismus ähnliche, durchaus noch dazu in der Lage sind.

Eine spannende Frage ist, ob jemand, der viele innere Bilder aus einem erfüllten, gelebten Leben hat, weniger oder vielleicht gar keine Bilder mehr aus der künstlichen Filmwelt braucht? Ich selbst habe einen über 90 Jahre alten Psychoanalytiker kennengelernt, der sagte, er schaue gar keine Filme mehr an, da er dies nicht mehr interessant finde. Nun hat dies mehrere Facetten: Erstens kann das Selbst eines Menschen so sehr mit sich im Reinen sein, dass zum Beispiel die Identifikation mit Filmfiguren oder die durch die Filme stattfindende Bedürfnisbefriedigung keine

Relevanz mehr für diesen Menschen hat. Zweitens ist es jedoch so, dass einige der aufgeführten Ursachen stets positiv auf uns wirken: etwa die angenehme Steuerung der Atmung, die Entspannung durch den sehr ruhigen Energiefluss, aber auch der Genuss der imaginierten Bewegung. Drittens kann es natürlich sein, dass ein Mensch seinen Alltag so in Balance hat, dass er zwar diese positiven Genüsse der Filmbetrachtung durchaus genießen würde, aber die innere Ausgeglichenheit so groß ist, dass er keine Filme mehr anschauen will. Viertens kann die Überlegung hinzukommen, womit man den Rest der verbleibenden Lebenszeit noch verbringen möchte und womit nicht mehr.

Allerdings dürfte es auch viele z. B. ältere Menschen geben, die keine altersgerechten Hobbys pflegen, andere Weg zur inneren Muße nur unzureichend entwickelt haben und denen somit wenig anderes übrigbleibt, als viel Zeit vor dem Fernsehbildschirm zu verbringen.

Exkurs: Film und Musik

Filme sind ein optisches und oft auch akustisches Feuerwerk. Filmmusik wird eingesetzt, um Filmszenen emotional und markant zu gestalten. Pehrs et al. (2014) zeigten auf, dass Filmsequenzen ohne Musik die visuellen und die sprachbezogenen Areale im Gehirn aktivieren und zu einem gewissen Ausmaß auch die für Emotionen zuständigen Areale. Bei Musik alleine reagieren die für Musikwahrnehmung zuständigen Bereiche und zu einem Teil jene für Emotionen. Aber wenn alles gemeinsam auftritt werden nicht nur die sprachlichen, musikalischen, und visuellen Areale, sondern auch alle Bereiche, die diese verbinden, aktiviert. Zusätzlich ist der für Gefühle zuständige Teil des Gehirns wesentlich aktiver.

Dies verdeutlicht, wie sehr die den Film begleitende Musik dazu beiträgt, dass wir uns ganz und gar in einen Film hineinfallen lassen, während sich unser Bewusstsein dadurch sehr verengt. Diese Verengung erklärt auch, warum wir am Ende eines Filmes oft sehr überrascht sind, wenn im Abspann aufgelistet wird, wie viele Lieder und Musikstücke in dem Film vorkamen (Trice & Greer, 2019, S. 71).

Wobei Musik nicht nur die Intensität unseres Filmerlebens beeinflusst, sondern auch wie wir bestimmte Filmszenen deuten. Eine Forschung von Boltz (2001) zeigte, dass eine Szene aus einem Hitchcock-Film von der Mehrheit der Versuchspersonen unterschiedlich interpretiert wurde, je nachdem, ob gar keine, eine romantisch-langsam-traurige oder eine technische Stakkato-Musik diese begleitete. Eine Nachbefragung zeigte außerdem, dass jene, welche einen mit Musik unterlegten Ausschnitt sahen, sich an mehr gesehenen Details erinnerten, allerdings auch an solche, welche gar nicht im Film vorkamen, aber gut zu der die Szene begleitenden Musik passten (Trice & Greer, 2019, S. 114).

Es ist beeindruckend, wie erfolgreich manche Filme Musik einsetzen. Es kommt zu der soeben dargestellten gegenseitigen kreativen Befruchtung und es ist schwer festzustellen, wie sehr die Musik den Film oder der Film die Musik aufgewertet hat.

Filmmusik ist mittlerweile eine eigene Kunstform, Konzerte von Komponisten für Filmmusik, wie etwa Hans Zimmer und dem über 90 Jahre alten John Williams, sind ausverkauft. Allerdings betreten wir hier das weite Feld der Musikrezeption, ein eigenes, komplexes Gebiet, das ich in dem Kontext dieses Buches nicht weiter vertiefen möchte.

→ Filmhinweis, z. B.: „Koyaanisqatsi" (1982) von Godfrey Reggio

Exkurs: Gemeinsam ins Kino

Menschen sind bindungsorientierte Wesen. Wir suchen innerhalb unserer Bezugsgruppe im Normalfall das Miteinander und stimmen uns aufeinander ein. Das positive Lebensgefühl wird durch gemeinsame Aktivitäten, wie etwa den Filmbesuch mit Freunden, gefördert. Die Lehre von C.G. Jung liefert mit dem Archetyp des WIR eine Erklärung, warum wir gerne mit anderen etwas unternehmen, zum Beispiel gemeinsam einen Film im Kino anschauen.

Auch evolutionsbiologisch ist unser Fokus auf das Miteinander von Bedeutung. Weil wir in der Regel nach dem „WIR" streben, hat der typische Mitmensch auch nach dem gemeinsamen Kinobesuch den Impuls, sich des „Einsseins" mit den freundschaftlich verbundenen Mitbesuchern zu vergewissern. Der Dialog über den Film direkt nach dem gemeinsamen Erlebnis dient eher zur Vergewisserung des Zusammengehörens. Das, was nach dem Filmbesuch über den Film miteinander gesprochen wird, ist fast irrelevant, solange es nicht zu Disharmonien führt. Es ist uns hierbei nicht bewusst, dass die Förderung der Gruppenkohäsion und nicht das Verstehen und Durchdringen des Gesehenen das Ziel des Dialogs ist. Vor diesem Hintergrund werden die nach einem gemeinsamen Filmbesuch oft auftretenden, wohltuend zueinander passenden Sichtweisen über das gerade Gesehene verständlich.

Wenn man das Bedürfnis haben sollte, die Welt oder sich selbst besser zu verstehen, empfiehlt es sich, Filme alleine zu besuchen, oder erst im Abstand einiger Tage mit jenen, die mit einem den Film besucht haben, über diesen zu reden. Will man unbedingt direkt nach dem Besuch mit den anderen auch kontrovers über das Gesehene reden, hilft es, von vornherein den Denkrahmen zu setzen, dass es nach dem Film um einen analytischen Dialog geht und nicht darum, die gemeinsame Aktivität mit einem schönen Abschluss zu zelebrieren.

Der Blick nach innen: Filme als Möglichkeit, mehr Klarheit über sich selbst zu gewinnen

Filme können helfen, sich selber besser kennenzulernen. Natürlich denkt man zuerst daran, dass die Art und Weise, wie man Filme erlebt, wie man auf etwas reagiert, Aussagen über die eigene Person erlauben. Aber es gibt andere, leichter interpretierbare Wege, um durch Filme Klarheit über sich zu gewinnen:

- **Filmauswahl**
  In der Regel entscheiden wir uns für Filme, von denen wir erwarten, dass sie uns zusagen. Das bedeutet, wir erhoffen uns von dem Film einen positiven Beitrag zu unserer innerpsychischen Homöostase.
  Die bewusste Auswahl eines Filmes erlaubt also Rückschlüsse auf die Person, die ihn auswählt. Bei der Selbstanalyse, warum man sich für einen Film entschieden hat, ist jedoch Vorsicht geboten. Man glaubt, einen Film aus einem bestimmten Grund ausgewählt zu haben, während die tatsächliche Motivation vielleicht eine ganz andere war.
  Auch nach dem Filmgenuss ist es möglich, dass wir denken, ein Film habe uns aus einem bestimmten Grund gefallen, obwohl uns in Wirklichkeit andere, uns nicht bewusste Aspekte des Films angesprochen haben. Es ist zu beachten, dass es eine Reihe von Gründen für Filmgenuss gibt, die kaum jemandem bewusst werden. Hier seien zum Beispiel die körperlichen Gründe genannt, wie etwa die Lust an

imaginierter Bewegung, die erholsame Tiefenatmung oder der Abbau von im Körper frei flottierender Energie.
- **Übliche Filmvorlieben mitttragen oder ablehnen**
Hier sind die folgenden Facetten zu beachten: der gesellschaftliche Mainstream, Moden der eigenen Bezugsgruppe und – im Gegensatz dazu – der sehr exotische, meist bewusst abweichende Filmgeschmack.

Wenn ein Film weder dem Beuteschema des Mainstreams noch der aktuellen Mode der Peer Group (eigenen Bezugsgruppe) entspricht, deutet dies auf eine sehr persönliche, individuelle Präferenz hin. In der Selbstanalyse kann man sich fragen, was die tiefere Ursache für diese außergewöhnliche Wahl oder Neigung ist. Eine gute Leitfrage lautet: „Inwieweit spricht der Film Erlebnisse aus meiner eigenen Geschichte oder der meiner Herkunftsfamilie an?"

Umgekehrt kann es als ein Indiz für eine erhöhte Neigung, sich anderen anzuschließen, gewertet werden, wenn jemand sehr bereitwillig dem allgemeinen Mainstream oder den Vorlieben der eigenen Bezugsgruppe folgt.
- **Genuss und Intensität des Erlebens**
Der Clou liegt hierbei darin, sich Zeit zu nehmen und wirklich nachzusinnen: Was hat mir besonders gefallen? Was hat mich besonders bewegt? Die hohe Kunst besteht darin zu reflektieren, inwieweit diese starken Empfindungen durch die Art und Weise der Inszenierung einer Szene oder durch persönliche Themen, die der Film getriggert hat, ausgelöst wurden.

Es ist jedoch wichtig, die Grenzen dieser Analyse zu erkennen. In der Regel ist es uns nur zum Teil vergönnt, einen Einblick in unser inneres Selbst zu gewinnen. Jeder von uns hat, wenn auch in unterschiedlichem Ausmaß, Wünsche, Tendenzen und innere Mechanismen, die ihm nicht bewusst sind. Meist sind diese kaum zu entdecken, doch manchmal können sie von uns erahnt oder sogar bewusst werden. Dies gelingt gelegentlich durch Hinweise aus dem Dialog mit Außenstehenden, vereinzelt auch durch Selbstbeobachtung und Eigenanalyse während der Filmbetrachtung, etwa wenn die eigene Atmung beobachtet wird oder wenn eine Filmszene einen eher positiv erregt, obwohl sie eigentlich grausam ist.

- **Befremdung**
  Was hat beim Zuschauen ganz und gar nicht gefallen? Was habe ich als besonders abstoßend empfunden? Auch solche Bilder und Szenen können interessante Hinweise auf die eigene Psyche geben. Ist die eigene Befremdung Teil eines allgemeinen, aktuellen Konsenses innerhalb der Gesellschaft? Und/oder steht sie primär in Verbindung mit sehr individuellen, persönlichen Lebensthemen?

- **Abgleich**
  Der Abgleich mit anderen, die einen ähnlichen Hintergrund haben, oder auch mit völlig fremden Menschen, darüber, was einem an einem Film gefällt und was ganz und gar nicht, liefert wertvolle Hinweise für die Tönung des eigenen Geschmacks.

- **Assoziationen**
  Eine spannende Methode, um sowohl den Film, als auch sich selber besser zu verstehen, liefern die Assoziationen, die er auslöst.

  Zum Beispiel kann man spontan, ohne zu reflektieren, drei Begriffe – egal welcher Art und welchen Inhalts – nennen, die einem spontan einfallen, wenn man an den Film denkt. Danach – aber unbedingt erst danach – folgt die Reflexion darüber, was der dominante Eindruck oder die übergeordnete Erkenntnis über den Film ist und was dies über einen selbst aussagen könnte.

- **Erinnerung**
  Zum Abschluss dieser Aufzählung ein besonders spannender Indikator: die Erinnerung an Szenen. Welche

Bilder oder Szenen aus dem Film sind mir in der Erinnerung geblieben? Dies Frage kann man sich direkt nach dem Film stellen oder – noch spannender und relevanter – erst, nachdem ein längerer Zeitraum seit der Filmbetrachtung vergangen ist.

Warum wir uns gerade an diese oder jene Szene erinnern, sagt etwas über uns persönlich aus. Bei dieser Form der Selbstanalyse sollten zwei Störfaktoren beachtet werden.

Erstens ist es denkbar, dass die Ursache für das Erinnern nicht oder nicht nur in der Relevanz für das eigene Selbst liegt, sondern in der sehr eindrucksvollen Art und Weise, wie der Film die Szene ins Bild gesetzt hat. Hier hilft wieder der Abgleich mit anderen, die den gleichen Film gesehen haben, um über den Abgleich mit deren Erinnerungen einen Hinweis über das eigene Ich zu erhalten.

Zweitens kann die Erinnerung dadurch verfälscht werden, dass man zwischen der Filmbetrachtung und der Selbstanalyse Standbilder oder kurze Szenen des Films gesehen hat. Diese verformen die Erinnerung an den Film. Es lässt sich dann schwer unterscheiden, ob uns eine bestimmte Filmsequenz wieder einfällt, weil sie für uns persönlich bedeutsam ist oder weil sie noch einmal nach der Betrachtung des Filmes reaktiviert worden war.

Diese sieben Methoden helfen, sich selber besser zu verstehen. Sie sind jedoch lediglich Hinweisgeber, um mehr Klarheit über sich zu gewinnen. Trotzdem haben sie als gut verfügbare und leicht anwendbare Hilfsmittel eindeutig ihren Wert.

Natürlich können auch Missdeutungen auftreten. So kann es sein, dass unser Unbewusstes zum Beispiel die Gewaltszenen genießt, während unsere bewusste Erinnerung oder Interpretation glaubt, dass wir vor allem von der romantischen Liebe des Revolverhelden und der Tochter des Dorfsheriffs begeistert waren.

Es wird auch Szenen oder Bilder geben, die unserer Erinnerung verschlossen bleiben, weil sie das Innere unserer Seele, unser Unbewusstes, zu sehr berühren. Solche Elemente werden verdrängt, da unser Bewusstsein noch nicht bereit ist, sich damit auseinanderzusetzen.

Neben den bereits erwähnten Methoden gibt es noch einen weiteren, allerdings anders gearteten Aspekt, der Aufmerksamkeit verdient: Die Neigung der Empfehlung anderer zu folgen, die gerade einen Film gesehen haben und sich sehr lobend über diesen äußern. Wer aufgrund solcher Empfehlungen ins Kino geht, sollte sich bewusst sein, dass es einige psychologische Phänomene gibt, welche beachtet werden sollten.

Zunächst gibt es den sogenannten *Recency-Effekt*. Dieser besagt, dass die zuletzt eingegangenen Informationen eine größere Wirkung entfaltet als frühere. Hier gibt es zwei Fallstricke: Erstens kann es sein, dass derjenige, der einen Film empfiehlt, diesen erst vor Kurzem gesehen hat und deswegen so begeistert ist. Der zweite Fallstrick besteht darin, direkt nachdem ein Film empfohlen wurde, zu beschließen, diesen ebenfalls anzuschauen. In beiden Fällen besteht das Risiko, nicht ausreichend darüber nachgedacht zu haben, wie sehr sich der Film tatsächlich lohnen könnte oder welche alternativen Freizeitmöglichkeiten es gäbe.

Zusätzlich kann es sein, dass der Empfehlungsgeber nicht alleine ins Kino gegangen ist, sondern gemeinsam mit anderen. Das bereits dargestellte positive Gefühl des gemeinsamen Erlebnisses wirkt noch nach. Dieses durch den gemeinsamen Kinobesuch ausgelöste Gefühl wird fälschlicherweise auf den Film zurückgeführt, was das Urteil über den Film beeinflusst.

Schließlich gibt es noch die Phänomene der *Sunk Costs* und der *kognitiven Dissonanz*:

Wenn ein Kinobesucher sich eingestehen muss, dass der Film, den er gerade gesehen hat, nicht besonders beeindruckend war und der Aufwand und die investierte Zeit es nicht wert waren, ist das schmerzhaft – besonders, wenn der Eintrittspreis relativ hoch war. Diese unangenehme Empfindung kann vermieden werden, indem man sich selbst einredet, dass der Film gar nicht so schlecht war. Dadurch wird der Widerspruch, die kognitive Dissonanz, zwischen dem Aufwand und dem erzielten Ergebnis reduziert. Die Entscheidung, diesen Film angeschaut zu haben, muss somit nicht bereut werden. Die sogenannten „Sunk Costs", der Verlust an Zeit und Geld, sind nicht mehr schmerzhaft.

Abschließend ist hervorzuheben, dass bevor man einer Empfehlung folgt, es klug ist, sich vor Augen zu führen, dass Geschmäcker unterschiedlich sein können.

Und doch, trotz allem: Wer sich gerne und leicht von anderen begeistern lässt, für den kann es durchaus sinnvoll sein, ohne Reflektion Empfehlungen zu folgen. Denn unabhängig davon, wie der Film tatsächlich ist, wird dieser mit einer sehr positiven Einstellung betrachtet werden, wenn man eine gute Beziehung zum Empfehlungsgeber hat. Diese positive Haltung – die sogenannte „rosarote Brille" – beeinflusst die Wahrnehmung des Films. Dadurch ist die Wahrscheinlichkeit groß, dass auch dieser Zuschauer den Film gut findet und weiterempfiehlt; insbesondere, wenn er nicht alleine ins Kino gegangen ist.

Exkurs: Film und Gesellschaft

Während auf Basis eines Spielfilms keine Aussagen über die Realität gemacht werden können, kann man sehr wohl spekulieren, warum ein einzelner Mensch oder auch eine Gesellschaft als Ganzes sich für einen bestimmten Film begeistern. Manche Wissenschaftler stellen die Frage, ob Filme die Träume der Gesellschaft darstellen und ob sie

Ausdruck dessen sind, was bewusst oder gerade auch unbewusst in der Gesellschaft an unterschwelligen Tendenzen und Impulsen vorhanden ist. Bei der Beantwortung dieser Frage stoßen wir jedoch auf eine Reihe von Problemen – zum Beispiel die Unterscheidung, was generell menschlich ist, also mit einer spezifischen Gesellschaft nicht verbunden und was auf die aktuellen sozialen Normen und die kulturelle Identität in einem Kulturraum bezogen werden kann.

Falls zum Beispiel viele Spielfilme mit Gewaltszenen in einer Gesellschaft produziert werden, sagt das etwas über diese aus? Ein Ansatz könnte sein, die Anzahl der Gewaltfilme zwischen verschiedenen Gesellschaften zu vergleichen. Allerdings erweist sich dies als schwierig. Die Gesamtmenge der Filme ist schwer zu erfassen und die Kriterien, wann ein Film als Gewaltfilm gilt, sind schwer zu definieren. Es kann sein, dass in einem Kulturraum ein genialer Regisseur Gewaltfilme dreht, die dank ihrer Qualität sehr populär sind, während in einem anderen Land keine beeindruckenden Gewaltfilme auf den Markt kommen.

Die Medienwelt ist heute global. Manche Länder produzieren primär für andere Länder, in manchen Gesellschaften sind Kinos sehr populär, in anderen werden Filme oft über VPN-Kanäle gestreamt. In manchen Gesellschaften mag es prozentual gesehen viele Gewaltfilme geben, weil eine Zensur – offiziell oder selbstauferlegt – sexuelle oder auch politische Filme kaum zulässt. In anderen Gesellschaften wird versucht, durch lustige und oberflächliche Filme die Bevölkerung in eine bessere Stimmung zu versetzen.

Viele Filme werden gedreht, weil Produzenten nach einem großen finanziellen Gewinn streben. Eine Reihe von Künstlern wird durch ethische Motive angetrieben und möchte die Gesellschaft politisch beeinflussen. Oft wird die staatliche Filmförderung, sowohl in Demokratien als auch in Diktaturen, ganz bewusst genutzt, um politische Akzente zu setzen.

Spielfilme spiegeln den Zustand unserer Welt sowie unsere inneren Triebe und Wünsche wider, aber bei Rückschlüssen über einen bestimmten Kulturraum ist Vorsicht und bedachtsames Vorgehen geboten. Am ehesten könnte man analysieren, welche Filme in einem Land besonders populär waren, um zu Aussagen zu gelangen. Doch auch hierbei ist es fast unmöglich, Klarheit zu gewinnen. Zum Beispiel sind die drei Filmparodien OSS 117 in Frankreich sehr populär. Aber warum? War es der Stolz über die geglückte französische Parodie auf die James-Bond-Filme? War es der Schauspieler? Das scheinbar mit dem Hauch des lächerlich Übertriebenen versehene Machogehabe? Die selbstgefällig aufdringliche Nonchalance? Das Gefühl der Überlegenheit durch Abwertung von anderen? Weckte der Film indirekt Reminiszenzen an vergangene Kolonialzeiten und die Naziherrschaft und half er so, kolonialen Untaten und erlittenes Leid während der Naziherrschaft zu verarbeiten? Oder geht es darum, einen immer noch existenten, verdeckten Rassismus weißer Überlegenheit heimlich zu genießen? Waren es die schönen Frauen und die umfassenden Erfolge des Helden? Schaffte es der Film vielleicht, spezifische französische Muster, etwa des Humors, aufzugreifen? Oder war es eine Kombination aus mehreren dieser Faktoren? Können Filme überhaupt etwas über irgendeinen „Nationalcharakter" aussagen? Gibt es diesen überhaupt? Sagen die Filme in einem Land etwas über die Mehrheitsgesellschaft oder eher über eine untypische, aber vielleicht sehr engagierte Teilgruppe aus, die dem Film viele Zuschauer beschert? Schließlich schaut sich immer nur ein Teil der Gesellschaft die jeweilig populären Filme an.

➙ „Filmhinweis": OSS 117 –Der Spion, der sich liebte. (2006) von Michel Hazanavicius und weniger erfolgreich „OSS 117 – Liebesgrüße aus Afrika" (2021) von Nicolas Bedos

Filmzitat aus dem letztgenannten Film „OSS 117 – Liebesgrüße aus Afrika" (Ironischer Kommentar einer attraktiven Frau an den Helden OSS 117): „Sie sind sehr französisch irgendwie." Seine Antwort: „Vielen Dank."

Literatur

Anderson, D. R., & Burns, J. (1991). Paying attention to television. In J. Bryant & D. Zillman (Hrsg.), *Responding to the screen: Reception and reaction processes* (S. 3–25). Lawrence Erlbaum.

Aronson, E., Wilson, T., & Akert, Robin (2014). *Sozialpsychologie* (8. Aktualisierte Aufl.). Pearson Deutschland GmbH.

Balint, M. (1972). *Angstlust und Regression*. Rowohlt.

Baudry, J.-L. (1994). Das Dispositiv: Metapsychologische Betrachtungen des Realitätseindrucks. *Psyche* 11/48, 1067.

Bellingroth, Friedhelm: Triebwirkung des Films auf Jugendliche (S. 116 ff). Verlag Hans Huber, , 1958.

Berlyne, D. E. (1974). *Konflikt, Erregung, Neugier*. Klett-Cotta Verlag.

Boltz, M. (2001). Musical soundtracks as a schematic influence on the cognitive processing of filmed events. *Music Perception, 18*, 427–454.

Boormann, J. (2017). *Cinémathèque Français*. https://www.cinematheque.fr/cycle/john-boorman-390.html. Zitiert nach Schumacher, Holger; 2021, Seite 35f.

Botella, C. (2015). Über das Erinnern. In A. Mauss-Hanke (Hrsg.), *Internationale Psychoanalyse* (S. 169–200). Psychosozial-Verlag.

Bourdieu, P. (1979). *La Distinction*. (Deutsch: Die feinen Unterschiede. Kritik der gesellschaftlichen Urteilskraft. Suhrkamp 1987).

Del Palacio-Gonzalez, A., & Clark, D. A. (2014). Cognitive specificity in fear and sad affect: An investigation of emotional reactivity and recovery from experimental mood induction. *Cognitive Therapy and Research*, (38), 270–279. Zitiert nach Trice & Greer, 2019, S. 34.

Deleuze, G. (1992/2007). *Differenz und Wiederholung*. Wilhelm Fink Verlag.

Derrida, J. (1976). *Die Schrift und die Differenz*. Suhrkamp Verlag.
Eco, U. (2019). *Auf den Schultern von Riesen*. Carl Hanser Verlag. Kindle Ausgabe.
Freud, Sigmund: Erinnern, Wiederholen und Durcharbeiten (Weitere Ratschläge zur Technik der Psychoanalyse II). (1914/2000) Studienausgabe, Fischer Verlag, , S. 205–215
Freud, S. (1915). Triebe und Triebschicksale. In *Zitiert nach Nagera, Humberto: Psychoanalytische Grundbegriffe* (Bd. 1974, S. 388). Fischer Verlag.
Freud, S. (1920). *Jenseits des Lustprinzips*. Imago Publishing. 1940 (Kindle Ausgabe: Internationaler Psychoanalytischer Verlag, Wien, 2. Durchgesehene Aufl., 1921, S. 31 und S. 47 von 60).
Freud, S. (1930/1972). *Das Unbehagen in der Kultur* (S. 102). Fischer Taschenbuch Verlag.
Freud, S. *Neue Folge der Vorlesungen zur Einführung in die Psychoanalyse*. (von 1933). Imago Publishing, 1940.
Freud, S. (1938/1972). *Abriß der Psychoanalyse* (S. 13). Fischer Taschenbuch Verlag.
Huth, Werner: Wahl und Schicksal: Voraussetzungen, Grundprinzipien und Kritik der Schicksalsanalyse von Leopold Szondi. Verlag Hans Huber, 1978
Hutzler, L. (2009). *The Power of … Creating Characters*. Santa Monica, Zitiert nach Schumacher, 2021, S. 126.
Janus, L. (2008). *Menschheitsgeschichte als psychologischer Entwicklungsprozess*. Mattes Verlag.
Janus, L. *Das bio-psycho-soziale Modell der Geburt und seine Widerspiegelung in den gesellschaftlichen Strukturen*. https://www.ludwig-janus.de/images/Downloads/Biopsychologie%20der%20Geburt.pdf. Zugegriffen am 03.06.2024.
Kappelhoff, H. (2003). Kino und Psychoanalyse. In J. Felix (Hrsg.), *Moderne Filmtheorie* (S. 138f und 142). Bender Verlag.
Katharsis: Wikipedia. https://de.wikipedia.org/wiki/Katharsis_(Literatur). Zugegriffen am 21.12.2022.
Kelley, H. (1967). Attribution theory in social psychology. In D. Levine (Hrsg.), *Nebraska symposium on motivation*. University of Nebraska Press. 192ff.

Knobloch, S., & Zillmann, D. (2002). Mood management via the digital jukebox. *Journal of Communication, 52*, 351–366. Zitiert nach Trice & Greer, 2019, S. 39.

Kubey, R., & Csikszentmihalyi, M. (1990). Television as escape: Subjective experience before an evening of heavy viewing. *Communication Reports, 3*, 92–100. Zitiert nach Trice & Greer 2019, S. 38.

Levine, H. (2014) Die nichtfarbige Leinwand: Repräsentation, therapeutisches Handeln und die Bildung der Psyche, 68. Jahrgang, Klett-Cotta.

Levine, H., Reed, G., & Scarfone, D. (2013). *Unrepresented states and the construction of meaning*. Routledge.

Löchel, E. (2022) „Jenseits des Lustprinzips' wieder gelesen" in Psyche 6, 76. Jahrgang, S. 467.

Loewald, H. (2021). *Psychoanalyse: Aufsätze aus den Jahren 1951–1979. (Bibliothek der Psychoanalyse)*. Psychosozial-Verlag.

Metz, C. (2003). *Der imaginäre Signifikant: Psychoanalyse und Kino*. Nodus Publikationen.

Mikunda, C. (1986). Kino spüren. Verlag FILMLAND PRESSE, Augsburg.

Otto, R. (2014). *Das Heilige: Über das Irrationale in der Idee des Göttlichen und sein Verhältnis zum Rationalen* (4. Aufl.). Verlag C.H. Beck.

Pehrs, C., Deserno, L., Bakels, J. H., Schlochtermeier, L. H., Kappelhoff, H., Jacobs, A. M., Fritz, T. H., Koelsch, S., & Kuchinke, L. (2014). How music alters a kiss: Superior temporal gyrus control fusiform-amygdalar effective connectivity. *SCAN, 9*, 1770–1778.

Peiper, Albrecht zitiert auf Basis Wikipedia. https://de.wikipedia.org/wiki/Habituation#Habituation_beim_Menschen. Zugegriffen am 02.07.2024.

Pölking, R. (2020). *Hier stehe ich, doch kann ich anders*. BoD.

Purps-Pardigol, S. (2024). *Mit Neuroresilienz entspannt bleiben*. Blinkist.

Reich, W. (1927). *Die Funktion des Orgasmus*. Internationaler Psychoanalytischer Verlag.

Reinke, E. (Hrsg.). (2013). *Alfred Lorenzer: Zur Aktualität seines interdisziplinären Ansatzes* (S. 11). Psycho-Sozial Verlag (Bibliothek der Psychoanalyse).

Roth, M., Hammelstein, P. (2003). *Sensation Seeking, Konzeption, Diagnostik und Anwendung.* Hogrefe. zitiert nach: Wikipedia: Sensation Seeking. https://de.wikipedia.org/wiki/Sensation_Seeking

Schumacher, H. (2021). *Panorama des Unbewussten.* Schwabe Verlag.

Seeck, G. A. (2000). *Die griechische Tragödie* (S. 253f). Reclam Verlag.

Spitzer, M. (2007). *Vorsicht Bildschirm.* Auditorium Verlag.

Strüber, N. (2016). *Die erste Bindung* (Kindel Ausgabe, S. 46). Klett-Cotta.

Szondi, P. (1956). *Ich-Analyse. Die Grundlage zur Vereinigung der Tiefenpsychologie.* Verlag Hans Huber.

Thieme: Via Medici. https://viamedici.thieme.de/lernmodul/768393/530111/sympathikus+und+parasympathikus. Zugegriffen am 20.06.2024.

Thurber, J. (1939/2016). *The Secret Life of Walter Mitty.* Penguin.

Tiefenhermeneutische Kulturanalyse – Forschungswerkstatt Tiefenhermeneutik. Zugegriffen am 20.01.2023.

Trice, A., & Greer, H. (2019). *The psychology of moviegoing.* MacFraland & Company.

3

Mediensucht

Angesichts der Vielzahl an Wegen wie Filme auf unsere Psyche und Physis einwirken, überrascht es nicht, in welchem Ausmaß die Filmwelten unsere Lebenszeit absorbieren. Was die Gesamtheit der verfügbaren Medienwelten betrifft (Social Media, Computerspiele, Filme sowie Informations- und Unterhaltungskanäle), kommen noch weitere Faktoren hinzu, die verdeutlichen, warum die Mediensucht heutzutage um sich greift.

Das Problem mit der Mediensucht beginnt schon damit, dass es ausgesprochen leicht ist, sich in diese Welt hineinzubegeben. Den Startknopf drücken, zur entsprechenden App wischen, noch einmal klicken – und schon steht das Wunderland der Medienwelt zur Verfügung. Die Handysucht fördernd kommt hinzu, dass man dieses nicht nur braucht, um in das Imperium der Sozialen Medien und flotten Computerspiele einzutreten, sondern auch für Alltagsverrichtungen wie Telefonieren, Bezahlen und Bestellen von Produkten. Nach dem Telefongespräch noch schnell einmal auf die Wetterapp klicken, dann – nur für ein, zwei Nachrichten – auf X oder Instagram, und schon wurde wieder eine halbe Stunde mit Mediennutzung verbracht. Kompliziert ist der Abschied aus dieser Medienwelt auch deswegen, weil die Alternativen zum schnellen Klick üblicherweise nicht so einfach eine direkte Befriedigung ermöglichen. Man weicht dem weniger Positiven aus, indem man in der Medienwelt verbleibt. Jenseits dieser ist es nämlich gar nicht so leicht, das Leben erfolgreich und angenehm zu gestalten. Ein weiterer bindungsfördernder Faktor dieser Handymedienwelt besteht darin, dass vermeintlich verlorene Zeit, etwa beim Warten auf den Bus oder während Bahnfahrten, nun als sinnvoll genutzt empfunden werden kann.

Die Nutzung von Medien ist ein sich selbst verstärkender Teufelskreis. Dies liegt nicht nur an den bereits aufgeführten Mechanismen des klassischen Konditionierens und des instrumentellen Lernens. Zusätzlich kommt bei der Mediensucht das Premack-Prinzip zum Tragen.

Dieses besagt, dass eine häufig durchgeführte Aktivität, mit der insbesonders die kleine, sehr oft auftretende Handlung gemeint ist, also eher der schnelle Clip als der ausführliche Spielfilm, in sich selbst schon einen verstärkenden Effekt entfaltet. Dieser führt dazu, das betreffende Verhalten immer wieder zu zeigen, egal ob es sich um das Essen von Erdnüssen oder kleine Rituale des Alltags handelt. Bliebe der positive innere Zustand aus und würde stattdessen ein negativer folgen, würde der Mensch das Verhalten mit der Zeit aufgeben.

Folgert daraus, dass Eltern, die an der Computersucht ihres Kindes leiden, nur darauf achten müssen, mit diesem jedes Mal direkt nach dem Spiel zu schimpfen? Nein! Denn selbst wenn sie es schaffen würden, das Kind stets zu schelten, hätten bereits zuvor Belohnungen stattgefunden, die das Premack-Prinzip verstärken: das wohlige Gefühl beim

Sitzen vor dem Computer, die kleinen Erfolge während des Spiels, das befriedigende Gefühl beim Rausgehen aus dem Spiel, dank der erzielten Fortschritte und der erfrischende Austausch mit den Mitspielern beim Teamspeak. Zusätzlich greifen beim häufigen Schelten des Kindes die negativen Folgen einer primär auf Kritik und Strafe fokussierenden Pädagogik.

Auch das simple Verbieten hat Nachteile, die nur sehr wenigen gewahr sind. Premack (1965) untersuchte die Auswirkungen von Strafen. Dabei fand er heraus: Wenn jemand gezwungen wird ein Verhalten, welches er oft zeigt, zu reduzieren, wird dieses Verhalten attraktiver und die Wahrscheinlichkeit, dieses zu zeigen, erhöht sich (Nickersen, 2024).

Um das Risiko zu senken, dass der Nutzer aussteigt, machen die Sozialen Medien wie TikTok, X und Instagram es sehr leicht, nach dem Schluss eines Medienerlebnisses, direkt das nächste anzuschließen zu lassen. So muss der Nutzer nur kurz mit dem Finger über den Bildschirm wischen, um einen Clip vorzeitig zu beenden, damit der nächste folgen kann. Dies sollte in seiner Bedeutung nicht unterschätzt werden. Mit der Zeit lädt sich diese Wischbewegung so positiv auf, dass allein schon dieses Wischen auf einem weißen Stück Papier in Ansätzen positive Gefühle auslösen kann. Gleiches gilt für den Sinnesreiz, ein Handy in der Hand zu halten. Vielleicht sollten Handy-Aficionados mit Einschlafproblemen, beim Versuch einzuschlafen, einen glatt polierten Holzklotz in Handyform in der Hand halten. Pölking (2020, S. 61) hat verdeutlicht, wie sehr es aufgrund der Anfänge der Menschheitsgeschichte in uns Menschen verankert ist und uns sogar beruhigen kann, während des Schlafs einen faustkeilähnlichen Gegenstand in der Hand zu halten.

Nicht nur die leichte Verfügbarkeit des nächsten Clips oder der nächsten Serienfolge ist relevant. In Bezug auf Serien und Computerspiele ist das Phänomen der unvollständigen Gestalt zu beachten. Schon die Gestaltpsychologie der 1920er-Jahren fand heraus, dass Menschen Unvollendetes vermeiden und Einzelelemente zu einer vollendeten Gestalt zusammenfügen wollen (Wertheimer, 1923, u. a. Gesetz der guten Gestalt und Gesetz der Geschlossenheit). Legendär ist die Anekdote vom jungen Mozart: Während sein Vater sich zur Mittagsruhe hingelegt hatte, spielte er beim Üben am Klavier die Tonleiter mit Ausnahme des letzten Tons und zwang so den Vater aufzustehen, damit dieser letzte Ton von ihm gespielt werden konnte.

Es ist für die Mediensucht sehr förderlich, dass es bei vielen Medien kein eigentliches Ende gibt. Man kann immer noch ein weiteres Filmchen anschauen, und dank des von den Medienmachern ausgearbeiteten Algorithmus ist es sehr wahrscheinlich, dass der folgende Beitrag genau den Bedürfnissen des Mediennutzers entspricht und ihm somit genauso gut gefällt wie der vorhergehende.

Medien, die pro abgeschlossene Einheit länger dauern als die schnellen Clips bei Instagram und TikTok, nutzen noch weitere Mechanismen, um Ihre Zuschauer zu fesseln: Bei den Serienstaffeln gibt es die Cliffhanger – das bedeutet, dass gerade das, was den Zuschauer besonders interessiert, am Ende der angeschauten Folge nicht beantwortet wird, sondern erst in der nächsten. Dies fördert das sogenannte Binge-Watching, also das Schauen mehrerer Episoden einer Serienstaffel in Folge, oft über viele Stunden hinweg.

In der deutschen Sprache wird Binge-Watching, sofern nicht der englische Begriff verwendet wird, üblicherweise mit „Serienmarathon" oder auch „Komaschauen" übersetzt. Beide Begriffe besitzen im Kontext der Mediensucht eine spannende Konnotation. „Serienmarathon" verknüpft die Seriensucht mit dem sportlichen Bild eines Marathons. Die Unsitte des kein Ende Findens wird assoziativ verbunden mit einem heroischen Sportler, der, ähnlich dem ersten Marathonläufer im antiken Griechenland, nicht aufgibt, sondern sich erfolgreich durchkämpft. Geradezu verräterisch ist der Begriff „Komaschauen". Hier wird ganz offen die Parallele zum übermäßigen Alkoholgenuss gezogen. Das Unvermögen aufzuhören, schwingt in dem Begriff mit – ebenso aber auch die Erkenntnis, dass dieses Verhalten möglicherweise weder gesund und förderlich ist. Wie beim wirklichen Alkoholgenuss werden viele Binge-Watcher nur gelegentlich dem komatischen Genuss erliegen, während für einige andere die künstliche Realität zunehmend zur primären Realität wird – auf Kosten des echten Lebens mit all seinen Höhen und Tiefen.

Dieses Risiko sollte nicht unterschätzt werden, da sich auch hier ein Teufelskreis entwickeln kann. Der Serienjunkie – ein weiterer verräterischer Ausdruck – interagiert immer seltener mit anderen Menschen und sammelt somit weniger Erfahrungen über die Folgen eigenen Handelns. Seine sozialen Kompetenzen machen weniger Fortschritte. Dies senkt die Wahrscheinlichkeit im Alltagskontakt mit anderen, etwa beim geschickten Smalltalk, positive Resonanz zu erleben, was wiederum die Verlockung steigert, sich dem nächsten Serienmarathon hinzugeben.

In Hinsicht auf Mediensucht und insbesondere das Binge-Watching ist zu beachten, dass mittlerweile dank des Streamings eine riesige Auswahl an Filmen und Serien jederzeit zur Verfügung stehen. Oft wird auch hierbei, wie bei den Sozialen Medien, das Anschauen des nächsten Films, der nächsten Serie durch die Anbieter erleichtert. Zum Beispiel ist die ARD-Mediathek so „nett", dass nach dem einem Tatort Krimi, den man angeschaut hat, automatisch der nächste folgt. Genau genommen erscheint am Ende des Krimis die Information, dass die nächste Folge in 10 s beginnt, die Uhr läuft sichtbar – wie bei einem Countdown – rückwärts, und schon erklingt wieder die vertraute

Tatortmelodie. Da greift dann das bereits erwähnte Premack-Prinzip, denn diese Melodie ist bei Menschen, die schon öfters einen Tatort-Krimi gesehen haben, positiv aufgeladen. Der Zuschauer hat dank der Länge dieses Vorspanns 33 s Zeit, sich zu erheben und das Schauen zu beenden. Sonst beginnt der neue Krimi, und wie es sich für einen guten Kriminalfilm gehört, ist man innerhalb von Sekunden durch die ersten spannenden Filmszenen geködert.

Der beste Ausstieg, um dieser Ereigniskette zu entkommen, dürfte darin bestehen, sich schon während des Abspanns des ersten Krimis zu erheben und auszuschalten. Aber wer erhebt sich schon direkt nach dem Ende des Tatort-Films und zu Beginn des Abspanns, wenn er so gemütlich im Sessel vertieft sitzt oder auf dem Sofa liegt und nicht gerade dringend auf Toilette muss?

Dies deutet auf weitere Faktoren hin, nicht die bedeutsamsten, aber auch welche, die nicht unterschätzt werden sollten: Da viele Stunden mit dem Mediengenuss verbunden sind, achten die meisten Menschen darauf, diese Zeit auf sehr bequemen Möbeln zu verbringen. Schon das Verlassen des Möbelstücks wird dadurch zur Strafe. Eine solche Komfortzone erschwert es, ein Ende zu finden.

Außerdem geht Mediengenuss im heimischen Umfeld oft mit Essen einher. Schon der Umstand, dass man während der Nutzung des Medienkonsums isst, lädt den diesen positiv auf. Fördernd kommt hinzu, dass dieses Essen typischer Weise zwar sehr ungesund, aber gleichzeitig sehr schmackhaft ist, da der typische Snack für zwischendurch aus hoch verarbeiteter Fertignahrung besteht. Es fällt sehr leicht, während des Computerspiels Schokoriegel oder Kartoffelchips zu essen. Es ist hingegen sehr mühselig und ärgerlich, das Spiel unterbrechen zu müssen, um beispielsweise eine gesunde Mahlzeit zu kochen.

Bei Computerspielen greifen noch weitere Mechanismen: Was bei den TikToks dieser Welt die Leichtigkeit ist, zum nächsten Clip zu gelangen, wird bei den Computerspielen durch die Auswahl des Schwierigkeitsgrads ersetzt. So wird erreicht, dass der Spieler nach der Erledigung einer Aufgabe, zum Beispiel dem Sieg in einem Kampf, nicht aufhört. Vielmehr spielt er weiter, da er berechtigter Weise mit Optimismus davon ausgehen kann, dass auch die nächste Herausforderung genau dem entspricht, was er sich insgeheim wünscht. Es gilt, ein Abenteuer nach dem anderen zu bestehen – nach dem Kampf ist vor dem Kampf -, und bis man dem Endgegner begegnet, kann es dauern. Wie Sie bereits ahnen, ist auch das Gefühl den Joystick („Stab der Freude" – was für ein Wort!) in der Hand zu halten oder, falls dieser nicht vorhanden ist, die entsprechenden Tastaturtasten zu berühren, mit der Zeit sehr belohnend.

Gruppeneffekte

Obwohl der Mediensüchtige sich letztlich allein in der Medienwelt aufhält, spielen Gruppeneffekte dennoch eine bedeutsame Rolle. Das Bewusstsein, dass viele Zigtausende anderer Menschen ebenfalls gerne die gleichen Medienwelten betreten, verstärkt die eigene Neigung, diese Medien zu nutzen. So nimmt man am ganz großen Mainstream der heutigen Zeit teil, ist kein absonderlicher Außenseiter, sondern mittendrin in der Gemeinschaft der Mitmenschen.

Über die Medien steht jeder teils real (zum Beispiel durch Teamspeak bei Computerspielen), teils virtuell (zum Beispiel in Hinsicht auf Influencer oder die angeschauten Filmclips) mit vielen anderen Menschen im Kontakt. Dieser ist in den neuen Medien viel einseitiger, sodass es kaum Berührungspunkte gibt, aus denen Konflikte resultieren können. Das Besondere an diesen Kontakten ist das freundlichere und „harmonischere" Miteinander im Vergleich zum realen Leben. Zusätzlich gibt es bei den Streitigkeiten, mit Angehörigen wegen übermäßigen Medienkonsums, einen doppelten positiven Effekt: Einerseits kann das Computerspiel genossen werden, andererseits ist deutlich zu spüren, dass man für die eigenen Bezugspersonen sehr bedeutsam ist, denn sonst würden sie nicht so nachdrücklich die mit den Medien verbrachte Zeit kritisieren. In der Fachsprache nennt man dies sekundären Krankheitsgewinn.

Ein weiterer Faktor liegt in den Phänomenen der Sozialen Leistungsaktivierung und des Sozialen Faulenzens.

Die Forschung zur Sozialen Leistungsaktivierung (engl. „Social Facilitation") hat gezeigt, dass Menschen bei nicht allzu herausfordernden Aufgaben bei bloßer Anwesenheit von Mitmenschen bessere Resultate erzielen, zum Beispiel im Kontext von Computerspielen demnach mehr Erfolgserlebnisse. Im Hinblick auf Soziale Medien besteht die Verbindung zur Sozialen Leistungsaktivierung im Folgenden: Das Bewusstsein, dass andere dasselbe tun, führt dazu, dass es leichter fällt, sich dieser Tätigkeit hinzugeben und sich stärker in das Medium zu vertiefen.

Die psychologischen Experimente zum Soziales Faulenzen (engl. „Social Loafing") belegen, dass Menschen in vielen Situationen sich in einer Gruppe weniger anstrengen, als wenn sie allein auf sich gestellt sind. Latané (1979) hat dies beispielsweise in Bezug auf die Intensität von Klatschen und Rufen belegt. In einem Experiment wurden den Versuchspersonen die Augen verbunden und Kopfhörer aufgesetzt, die alle Geräusche von außen abschirmten. Es zeigte sich, dass jene, die glaubten, mit einer weiteren Person zu rufen, nur 82 % der Intensität des Rufens erreichten, die sie allein aufgebracht hätten. Nahmen die Versuchspersonen an, dass fünf andere mit ihnen riefen, sank der Wert sogar auf 74 %. Dies deutet darauf hin, dass die Anstrengung und die physiologische Anspannung geringer sind, wenn man glaubt, dass andere gleichzeitig die gleiche Aktivität ausführen.

Auch diese Erkenntnis lässt sich auf die Nutzung von Medien übertragen: Das Bewusstsein, dass viele andere dasselbe tun, trägt dazu bei, entspannt und relaxed die Räume der digitalen Medien zu betreten und fördert die innere Ruhe. Ganz anders sähe es aus, wenn die Nutzung Sozialer Medien von den relevanten Bezugsgruppen kritisch gesehen würde. In diesem Fall würde das Betreten dieser Welten erst einmal innere Unruhe auslösen, und es bräuchte eine gewisse Zeit, bis die positiven Effekte dieser Welten wieder für innere Ausgeglichenheit sorgen könnten.

Vermutlich ist es so, dass durch die Anwesenheit anderer innere Zustände verstärkt werden können. Ist der innere Fokus auf Leistung und Wettbewerb ausgerichtet, intensiviert dieser das Leistungsverhalten und die Bereitschaft, sich zu engagieren (Soziale Leistungsaktivierung). Ist er auf Harmonie und Entspannung ausgerichtet, führt dies zur Stärkung der aktuell durchgeführten Entspannungsaktivitäten. Vielleicht ist es so, dass bei Computerspielen durch die Soziale Leistungsaktivierung das Aktivierungsniveau und die Vertiefung in das Spiel steigen, während gleichzeitig auf der seelischen Ebene das Soziale Ausruhen, das Miteinander mit anderen Nutzern, beruhigend wirkt und ein Gefühl der Geborgenheit vermittelt.

In Kombination mit unserer Tendenz, das was wir machen, an unseren Mitmenschen auszurichten, ist dies eine zusätzliche Erklärung, warum in einer Gruppe, gerade auch sich kennender, wartender Menschen nach einer bestimmten Zeit alle nur noch ganz gebannt auf ihre Handys starren.

Fazit

Das Tückische an der Mediensucht besteht darin, dass es durchaus schwierig ist, aus einem solchen System der Belohnungen und Befriedigungen auszubrechen. Ironisch formuliert: Das Anschauen von Spielfilmen, der Einstieg in die echten Filmwelten, ist fast ein Hilfsmittel, um der Mediensucht zu entkommen. Beim Betrachten eines Spielfilms begibt man sich in eine abgeschlossene Welt, hält sich dort zwei bis drei Stunden auf, durchläuft einen tiefen Erlebnisprozess und fühlt sich danach wie nach einer guten, gesunden Mahlzeit wohlig gesättigt. Der Impuls, sich unmittelbar nach einem Filmgenuss weiterhin in den Tiefen der Medienwelt zu verlieren, ist gering.

Es gibt nur wenige Mittel, die noch besser vor Mediensucht schützen können. Das Beste ist vermutlich die stetige Reflexion was man aus seinem Leben machen möchte, sowie die regelmäßige Prüfung, ob man seine Zeit im Einklang mit dieser Vorstellung von einem gelungenen Leben verbringt. Das zweitbeste Mittel besteht darin, sich vorzustellen, man hätte das Ende seines Lebens erreicht und würde darauf zurückblicken: Was hat sich wirklich gelohnt und was nicht, was hinterlässt ein fades Gefühl, und was löst ein kraftvolles „Ja genau, das und das in meinem Leben war richtig und gut" aus.

Diese Vorgehensweise zur Linderung von Mediensucht kann bei Erwachsenen funktionieren, vielleicht bei verständigen Heranwachsenden, stößt aber bei jüngeren Kindern oder stark pubertierenden Jugendlichen an Grenzen. Eine Möglichkeit für Eltern, die mit dieser Herausforderung konfrontiert sind, besteht darin, mit ihren Kindern einen Vertrag über die Mediennutzung abzuschließen. In diesem wird beispielsweise festgelegt, in welchem Ausmaß und in welchem Zeitraum Medien genutzt werden. Es ist ratsam, einen solchen Vertrag frühzeitig zu initiieren. Wenn Eltern an der Mediennutzung ihres Kindes bereits fast verzweifeln, ist ein solcher Vertrag nur mit großer Gegenwehr abzuschließen. Die Chancen, dass er eingehalten wird, sind gering. Somit empfiehlt es sich, schon im Kindesalter die Mediennutzung – wann, wie viel und ggf. unter welchen

Voraussetzungen – zu thematisieren. Hierbei ist auch darauf zu achten, welche Festlegungen für die Mediennutzung vereinbart werden. Nicht nur Erwachsene, sondern auch Kinder können dazu neigen, Sachverhalte in ihrem Sinne umzudeuten oder sogar auszutricksen. Wird zum Beispiel vereinbart, dass Medien erst nach der Fertigstellung der Hausaufgaben genutzt werden dürfen, entsteht ein Anreiz, deren Umfang falsch anzugeben oder sich in langen Diskussionen zu verlieren, etwa darüber, dass Hausaufgaben, die erst in einer Woche abgegeben werden müssen, doch noch Zeit hätten. Strenges Kontrollieren, welche Aufgaben erledigt werden müssen, hat Nachteile. Es ist ohne Vertrauensbasis kaum möglich und kann die Beziehung zwischen Eltern und Kind belasten, wenn sich beide Seiten zu sehr an diesem Thema verhaken. In der Regel ist es klug, eine saubere Trennung vorzunehmen: Hausaufgaben sind Hausaufgaben und Freizeit-Mediennutzung ist Freizeit-Mediennutzung.

Ein weiterer Faktor ist das Vorbildverhalten der Eltern. Wie und wo nutzen sie Medien? Stehen ihre Gebote und Wünsche im Einklang mit ihrem eigenen Medienverhalten? Wie reden sie über die Mediennutzung ihres Kindes und welche emotionale Tönung geht damit einher? Ist diese zu negativ, mit aggressivem Unterton und erhobenen Zeigefinger versehen, erzeugt dies beim Kind leicht das Gefühl, die Eltern wüssten nicht, wovon sie reden oder wollten ihm nichts gönnen.

Es ist sehr hilfreich, wenn Eltern mit innerer Ruhe und ohne einen direkten Appell an die Kinder reflektierten Mediengenuss vorleben. Prophylaktisch äußerst wirksam sind zudem Selbstdisziplin und die eigene sinnvolle Freizeitgestaltung, ohne dabei andere Pflichten – einschließlich der Zeit für die Kinder – zu vernachlässigen. Ebenso bedeutsam ist die Fähigkeit, auch unter widrigen Umständen Tatkraft und eine ausgeglichene Stimmung zu bewahren.

Ein gutes Rezept angesichts der Verlockung durch die modernen Medien ist es, mit den Kindern, zumindest ab und zu, gemeinsame „Qualitätszeit" zu verbringen. Dabei ist es ratsam nicht so sehr darauf zu fokussieren, wenn das Kind bei der gemeinsamen Autofahrt mit seinem Handy beschäftigt ist, sondern auf jene Zeiten, die es in ausgeglichener oder sogar guter Stimmungslage mit den Eltern gemeinsam verbringt, etwa bei der Wanderung, dem Besuch des Zoos oder des Technikmuseums. Beim Warten auf Kaffee und Kuchen gelingt es dann vielleicht sogar, nicht auf das Handy zu starren, sondern sich gemeinsam über die vorbeiziehenden Passanten zu unterhalten – zum Beispiel darüber, wer gut angezogen ist, wer nett oder unfreundlich wirkt und warum. Ebenso können Anekdoten aus der kleinen oder großen Welt und der eigenen Vergangenheit miteinandergeteilt werden oder auch aktuelle Geschehnisse und anstehende Herausforderungen.

Es ist wichtig, sich bewusst zu machen, dass Mediensucht Ausmaße annehmen kann, die es ratsam erscheinen lassen, professionelle psychotherapeutische Hilfe aufzusuchen. Dies sind hilfreiche Leitfragen zur Entscheidung, ob eine solche Unterstützung notwendig ist:

Schädigt die Mediennutzung das seelische oder körperliche Wohlbefinden in kritischem Ausmaß?
Untergräbt sie das schulische oder berufliche Fortkommen?
Führt sie dazu, dass der direkte, persönliche Austausch mit anderen kaum noch stattfindet?

Literatur

Latané, B., Williams, K., & Harkins, S. (1979). Many hands make light the work: The causes and consequences of social loafing. *Journal of Personality and Social Psychology, 37*(6), 822–832. https://doi.org/10.1037/0022-3514.37.6.822

Nickersen, C. (2024). https://www.simplypsychology.org/premack-principle.html. (Englischer Originaltext bei Nickersen: "Premack (1965), following his original research into the probability-differential effect, found that another accompanied this: when opportunities to engage in a high-probability behavior reinforced low-probability behavior, the rate of high-probability behavior in itself reduced (because of the barrier of the low-probability activity), and thus incentivized the opportunity to engage in the high-probability behavior.")

Pölking, R. (2020). *Hier stehe ich, doch kann ich anders*. BoD.

Premack, D. (1965). *Reinforcement theory*. Paper presented at the Nebraska symposium on motivation.

Wertheimer, M. (1923). Untersuchungen zur Lehre von der Gestalt. *Psychologische Forschung, 4*, 301–350.

4

Wie verändert uns das Anschauen eines Spielfilms?

Noch relevanter als die Auswirkungen von Mediensucht dürfte für unsere Gesellschaft sein, ob und wie Medien unser Denken und Handeln verändern können. Menschen wissen meist nicht, was sie verändert und warum sie so sind, wie sie sind. Manchmal sind es einschneidende Erlebnisse, manchmal spielen viele kleine Erlebnisse eine Rolle. Doch nur selten erkennen wir, wodurch unsere individuelle Persönlichkeit geformt wurde – und selbst wenn wir eine Erklärung finden, bedeutet das noch lang nicht, dass sie der Wirklichkeit entspricht.

Im Umkehrschluss heißt das, dass es für uns fast unmöglich ist zu erkennen, wie sehr einzelne Erlebnisse und Erfahrungen im Alltag uns verändern. Folglich haben wir auch kaum eine Chance zu erkennen, inwieweit Filme zu unserer Persönlichkeitsbildung oder -verformung beigetragen haben. Da jedoch auch viele kleine Geschehnisse uns prägen, liegt es nahe, dass Filme eine besondere Bedeutung für die Entwicklung unseres Selbst haben können.

Dieses Kapitel erläutert, durch welche subtilen, aber wirksamen Mittel das regelmäßige Anschauen von Filmen Veränderungen herbeiführen kann.

Die Wirkung von Filmen auf uns Menschen wird seit mehreren Jahrzehnten erforscht – jedoch überraschenderweise oft nur in Teilaspekten. In den 1960er- und 1970er-Jahren lag der Forschungsschwerpunkt darauf, ob Filme bestehende Herrschaftsstrukturen stabilisieren. Ab den 1990er-Jahren verlagerte sich die Fragestellung darauf, ob die Darstellung von Gewalt im Fernsehen und in Computerspielen aggressives und dissoziales Verhalten fördert. Heutzutage rückt immer mehr die Frage in den Vordergrund, wie die Sozialen Medien unser Miteinander, insbesondere das unserer Jugend, verändern. Allerdings geht es in diesen Forschungsarbeiten nicht um eine ganzheitliche Sicht, wie uns Medien, z. B. Spielfilme, tatsächlich verändern. Meistens wird lediglich eine einzelne These in Bezug auf eine bestimmte Wirkungsweise von Filmen untersucht. Diese wird dann überprüft, und vereinzelt ist sogar eine ethische Intention des Wissenschaftlers spürbar.

Ein weiteres Dilemma in der heutigen kulturwissenschaftlichen Forschungswelt besteht darin, Ergebnisse künstlich aufzublähen. Es ist schmerzhaft, wenn man sich auf ein bestimmtes Themenfeld fokussiert, in dessen Erforschung viel Lebenszeit, Mühe und berufliche Hoffnung investiert wurde, nur um schließlich feststellen zu müssen, dass das durchgeführte Forschungsprojekt das gewählte Thema als lediglich begrenzt bedeutsam aufzeigt oder nur wenige verwertbare Resultate erbringt.

Mit dem Ziel, die psychologischen Ursachen und Auswirkungen von Spielfilmen in der Breite und Tiefe zu erforschen, ohne dabei einer instrumentellen Absicht zu folgen, betrete ich anscheinend Neuland. Die Leitfrage lautet: „Auf welche Art und Weise verändert uns das Anschauen von Filmen?"

Der Film als seelisches Reinigungs- und Erholungsbad für die Seele

Wenn Zuschauer durch das Mitfühlen mit den Charakteren während eines Theaterstücks Emotionen und Konflikte erleben, können sie sich von ähnlichen seelischen Belastungen befreien. Diesen Prozess bezeichnete Aristoteles als Katharsis. Sie ermöglicht es, dem Alltag entspannter zu begegnen.

Viele der aufgeführten Ursachen, warum wir gerne Filme anschauen, verdeutlichen, dass Filme Bedürfnisse direkt befriedigen können. Filmgenuss kann unser seelisches und auch körperliches Wohlergehen fördern. Selbst mit den aus dem häufigen Medienkonsum resultierenden Bewegungsmangel und den damit einhergehenden zusätzlichen Pfunden lässt sich dank erfüllendem Filmgenuss leichter leben.

Ein spannendes Forschungsergebnis zur Katharsis lieferte Asmir Gračanin (2015). Unmittelbar nach einem sehr traurigen Melodrama fühlten sich die zu Tränen gerührten Zuschauer trauriger als vor dem Anschauen des Films. Eine Stunde später ging es ihnen jedoch besser als vor dem Anschauen des Films.

Wie das Anschauen von Filmen unsere Stimmung beeinflussen kann und infolgedessen auch unser Handeln, zeigen die Forschungsarbeiten von Underwood (1977): Er und sein Team fanden heraus, dass Versuchspersonen, die neutrale Filme gesehen hatten, mit einer dreifach höheren Wahrscheinlichkeit bereit waren, Geld zu spenden, als diejenigen, die traurige Filme durchleben mussten. Laut Trice und Greer (2019, S. 35) führten sie dieses Ergebnis darauf zurück, dass Menschen in positiver Stimmung eher zu altruistischem Verhalten neigen, was auch andere Studien belegen. Es ist jedoch zu beachten, dass die Versuchspersonen unmittelbar nach dem Anschauen des Films befragt worden waren. Wie die zuvor erwähnte Forschung von Gračanin zeigt, kann der langfristige Effekt ein ganz anderer sein.

Während ihrer Herrschaft in Deutschland nutzten die Nationalsozialisten gezielt die ausstrahlende Wirkung positiv-beschwingter Unterhaltungsfilme. Der Filmmarkt wurde zu ihrer Zeit mit scheinbar unpolitischen Filmen überflutet. Forschungsarbeiten von Forgas und Moylan (1987) zeigen auf, dass Kinogänger, die lustige Filme (z. B. „Back to the Future") angeschaut hatten, politische Führer positiver beurteilten und weniger Angst vor Katastrophen verspürten, als jene, die „neutrale" Filme (z. B. „Rambo") oder traurige Filme (z. B. „The Killing Fields") sahen. Eine sehr relevante Frage ist, ob es auch den umgekehrten Effekt gibt: Führen viele traurige und bedrückende Filme oder Berichte in Fernsehsendern mit großer Reichweite zu einer ängstlicheren Stimmung in der Gesellschaft und zu einer kritischeren Beurteilung politischer Führer?

Zusammenfassend lässt sich sagen, dass Filme uns mit inneren, individuellen Symbolen, Bildern und Erlebnissen versorgen, die uns innere Kraft geben, die trösten und helfen können. Ein Rolf-Wirtz-Zitat (2023) leicht umdeutend: „Innere Bilder ... sind wie ein Mantel zu unserem Schutz."

Jenseits der konventionellen Forschungsarbeiten des wissenschaftlichen Betriebs gibt es noch einen weiteren Beleg dafür, dass das wiederholte Durchleben von Gefühlen, auch belastenden, unser Selbst beeinflusst: der nächtliche Traum. Menschen träumen nachts häufig von belastenden Situationen und unregelmäßig wiederkehrende Träume haben Leitmotive. Diese Träume tauchen nicht jede Nacht auf und das Leitmotiv wird typischerweise in sich immer ändernden Variationen durchlebt. Warum erzeugt unser Inneres diese Träume? Weil das wiederholte, variierte Erleben im Traum eine positive Wirkung auf uns hat. Ähnlich verhält es sich mit dem Anschauen von Filmen. Auch sie bewirken eine gewisse Befreiung unserer Seele. Allerdings stehen wir hinsichtlich der systematischen, wissenschaftlichen Erforschung dieses Phänomens noch sehr am Anfang.

Das wird sich mittelfristig ändern, da die Wissenschaft im Bereich der Analyse unserer körperlich-geistigen Vorgänge rasant voranschreitet. Einen Ansatzpunkt stellt zum Beispiel die Psychoneuroimmunologie (PNI) dar. So haben bereits 2005 Pressman und Cohen belegt, dass „das Anschauen eines lustigen Videos einen Anstieg der Anzahl diverser am Immunsystem beteiligten Zellen" bewirkt.

Filme als Realitätsformer

Die meisten Filme zeigen etwas, das von den Zuschauern als Realität wahrgenommen wird. Auf diese Art und Weise können unsere Mentalisierungsprozesse – also, wie wir unsere Welt verstehen – verändert werden. In Filmen wird dargestellt, wie Menschen sind, wie sie reagieren und welche Motive ihren Handlungen zugrunde liegen. Das Gesehene prägt den Bezugsrahmen für unser Fühlen, Denken und Handeln. Filme vermitteln uns also die allgemein gebilligten Arten unseres Sozialverhaltens und jene sozialen Scripts, durch welche wir implizit unsere Kultur erlernen (Aronson et al., 2014, S. 449).

Nicht nur unser Sozialverhalten wird durch Spielfilme geprägt, sondern über unseren rationalen Verstand auch unsere Kenntnisse über die Welt. Durch Spielfilme „erfahren" wir, wie die Welt funktioniert, und vergessen dabei meist, dass Filmwelten keine realen Welten sind. Sehr leicht wird das in Filmen Gesehene für bare Münze genommen. So wird die Wirklichkeit der Bilder zur vermeintlichen Realität unseres Lebens. Dies möchte ich an einem Beispiel des Deutschen Bundeskriminalamts (BKA) verdeutlichen.

In modernen Kriminalfilmen treten Profiler auf, die durch ihre Fähigkeit, die Psyche des Täters zu entschlüsseln, entscheidend zur Lösung eines Kriminalfalls beitragen. Da dies die Realität nur unzureichend widerspiegelt, sah sich das Bundeskriminalamt 2005 veranlasst, das Berufsbild des Profilers – beim BKA als Fallanalytiker bezeichnet – näher zu beschreiben, um Missverständnisse über diesen Beruf zu beseitigen.

Auf der Website des BKA wird dies (2023) wie folgt erklärt: „Der englische Begriff ‚Profiler' ist zwar auch in Deutschland weit verbreitet; inhaltlich zutreffender ist jedoch der Begriff ‚Fallanalytiker', da eine Profilerstellung ohne die zuvor durchgeführte Fallanalyse mit ihrem zentralen analytischen Prozess der Tatrekonstruktion unseriös wäre und sich die Analyse immer auf den gesamten Fall und eben nicht nur auf die vermuteten Persönlichkeitsmerkmale des unbekannten Täters bezieht" (Fuchs, 1997).

Darüber hinaus prägt die Wirklichkeit der Bilder in Spielfilmen auch unsere Einstellungen, Grundüberzeugungen und Werte – meist, ohne dass wir uns dessen bewusst sind. Dies geschieht durch die Veränderung des mentalen Rahmens, durch den wir die Welt betrachten, was als *Framing* bezeichnet wird.

Die Mechanismen, wie Framing wirkt, können sehr unterschiedlich sein. Zum Beispiel verändern sich durch die Darstellung im Film, ohne dass wir es bewusst wahrnehmen, unsere Gefühle gegenüber Themen, Menschen oder sozialen Rollen.

So bleibt es für das Image von Unternehmern und Wohlhabenden in Deutschland nicht ohne Folgen, wenn sie in den seit Jahrzehnten jeden Sonntag ausgestrahlten, populären Tatortkrimis überproportional oft als Verbrecher und Mörder auftauchen.

Dieser Prozess der sich ändernden Weltsicht kann jedoch auch bewusst geschehen: etwa, wenn ein Zuschauer des

Films „Das siebte Siegel" von Ingmar Bergman sieht, wie der Tod mit der Hauptfigur, dem vom Kreuzzug heimkehrenden Ritter, Schach spielt, und dadurch erkennt, dass das Leben auch als ein Schachspiel mit dem Tod interpretiert werden kann.

Filme können somit nicht nur die Gefühle und Einstellungen eines Einzelnen beeinflussen, sondern auch seinen gesamten Lebensweg und sein Schicksal entscheidend prägen.

Die Frage, wie Filme unsere Realität formen, stellt sich jedoch nicht nur in Hinsicht auf den einzelnen Menschen. Was macht es mit uns und unserer Gesellschaft, wenn in den Filmen deutlich mehr Aggression und Verbrechen gezeigt werden, als in unserer realen Welt vorkommen? Es gibt viele weitere komplexe und weniger offensichtliche Fragen:

Wie wirkt es sich beispielsweise auf unser Lebensgefühl, unser Freizeitverhalten und unsere Urlaubserwartungen aus, wenn wir in den Filmen sehr oft traumhafte Landschaften oder beeindruckend schöne Wohnungseinrichtungen sehen? Sind die Filmwelten ästhetisch so perfekt, dass unsere eigene Realität grauer wirkt und wir innerlich weniger Dankbarkeit empfinden?

Wie verändert sich unser Miteinander, unser Blick auf andere und der Umgang mit ihnen? Wie beeinflussen die Filmwelten die Art und Weise, wie wir uns selbst beurteilen? Fördert der innere Vergleich mit den vereinzelt gezeigten grausamen, sehr egoistischen Filmbösewichten vielleicht in jedem von uns, auch in sehr unangenehmen Zeitgenossen, das Gefühl, an sich ganz in Ordnung zu sein? Was ist die Auswirkung der mehr oder weniger merkwürdigen, seelisch belasteten Neurotiker, die uns in Filmen begegnen, auf unsere Weltsicht, die Einschätzung unserer Mitmenschen und auch unsere Selbstwahrnehmung?

Modellernen

Menschen lernen durch Imitation. Diese Erkenntnis verfestigte sich durch die Studien von Bandura et al. (1961, 1963) aus der Mitte des letzten Jahrhunderts, die das Lernen auf Basis der Beobachtung des Verhaltens anderer (Modelllernen) untersuchten. Es zeigte sich, dass wir die Verhaltensweisen anderer in unser eigenes Verhaltensrepertoire übernehmen – insbesondere dann, wenn sie mit einer Belohnung verbunden sind.

Bezogen auf die Filmwelten gibt es zwei sehr unterschiedliche Quellen der Belohnung. Erstens die direkte Belohnung: sei es direkt im Film für den Schauspieler, in den wir uns einfühlen, sei es für uns selbst, wenn wir sein Verhalten nachahmen und dies zu positiven Konsequenzen führt. Zweitens besteht eine weitere Belohnungsquelle in dem angenehmen, befriedigenden Gefühl, das während und nach dem Anschauen eines Films auftritt und ebenfalls eine belohnende Wirkung haben kann.

Wie leicht Modelllernen im Film zustande kommt, zeigte 1963 eine Studie von Bandura. In der Versuchsanordnung erlebte ein Teil der kindlichen Versuchspersonen, wie jemand auf eine Puppe einschlug, während eine andere Versuchsgruppe dies auf einem Fernsehschirm sah. Daneben existierte noch eine Kontrollgruppe. Die Ergebnisse zeigten, dass erstens fast die Hälfte der Jungen und ein Drittel der Mädchen nach dem Erlebten aggressives Verhalten zeigten – jeweils 40 % mehr als dies in der Kontrollgruppe der Fall war. Zweites waren die Unterschiede im aggressiven Verhalten zwischen den Kindern, die die Gewalt real beobachtet hatten, und jenen, die sie nur auf der Mattscheibe sahen, äußerst gering. Dies deutet darauf hin, dass die im Film miterlebte Gewalt Kinder fast genauso sehr beeinflusst wie die Gewalt, die sie direkt beobachten, ohne selbst betroffen zu sein.

Allerdings scheint der Kontext, in dem eine Gewaltszene gezeigt wird, und wie sehr diese eine hervorgehobene Rolle spielt, ebenfalls von Bedeutung zu sein. Forschungsprojekte Ende der 90er-Jahre (Berry et al., 1999) belegen ein Absinken des Ausmaßes des gezeigten aggressiven Verhaltens bei studentischen Versuchspersonen, die einen ganzen Film betrachtet hatten, im Vergleich zu denen, die nur eine gekürzte Fassung mit den Gewaltszenen sahen (Trice & Greer, 2019, S. 152).

Zusätzlich sollte man das Phänomen des Peer-Group-Effekts im Auge behalten. Einerseits, weil der gemeinsame Filmgenuss verbindet und das eigene Wohlbefinden steigert. Andererseits wirkt es aber auch prägend, wenn jemand nach einem gemeinsamen Filmbesuch dort gesehene Gesten oder Verhaltensweisen erwähnt oder nachahmt und die Freunde darauf positiv reagieren.

Die Übertragung vom im Film gesehenen Verhalten kann nicht nur negative, sondern auch positive Auswirkungen haben. Dies deuten die die Forschungsarbeiten von Greitemeyer und Osswald (2010) an. Sie haben zum Beispiel nachgewiesen, dass Videospiele, die um prosoziale Handlungen kreisen (z. B. das Spiel „Lemminge"), Menschen dazu bringen, hilfsbereiter zu sein.

Prägung durch Identifikation und Sympathie

Die Übernahme von Meinungen, Ansichten und Einstellungen von Filmfiguren, die man sympathisch findet, lässt sich ebenfalls aus der psychologischen Forschung ableiten. Diese zeigt, „dass wir dazu neigen, automatisch die Ansichten von Menschen zu übernehmen, die wir mögen ..." (Aronson et al., 2014, S. 165; Sinclair et al., 2005).

Trice und Greer (2019) formulieren es in ihrem Buch „The Psychology of Moviegoing" („Die Psychologie des Filmbesuchs") sehr deutlich: Wir übernehmen mit höherer Wahrscheinlichkeit das Verhalten von Charakteren, mit denen wir uns identifizieren („ … we are more likely to learn from characters with whom we identify than from those with whom we do not" Trice & Greer, 2019, S. 106).

Durch die Social Media Forschung ist erwiesen, dass diese sogenannte „Soziale Ansteckung" (engl. social contagion) sowohl im direkten Miteinander, von Angesicht zu Angesicht, als auch über virtuelle Kontakte funktioniert (Ozimek et al., 2022).

Hier betreten wir das Neuland des Forschungsgebiets der parasozialen Interaktion und der parasozialen Beziehungen – das Gefühl, einen Menschen wirklich zu kennen, ohne diesem je persönlich begegnet zu sein. Zwar beschäftigten sich die amerikanischen Forscher Horton und Wohl bereits 1956 damit, dass audiovisuelle Medien durch wirklichkeitsgetreue Abbildung die Illusion eines Kontaktes von Angesicht zu Angesicht vermitteln können, doch wirkliche Bedeutung hat dieses Themenfeld erst mit dem Aufstieg der Sozialen Medien gewonnen.

Sowohl bei populären Influencern, z. B. auf Instagram, als auch bei Darstellern in Spielfilmen entsteht in unserer Psyche das Gefühl mit dem Star auf Du und Du, also auf vertrautem Fuß zu stehen. Es wird davon ausgegangen, dass durch den parasozialen Kontakt in den Sozialen Medien und vermutlich ebenso in den Spielfilmen eine sogenannter „Safe Space", also ein sicherer Ort, entsteht, in dem sich der Mensch geborgen fühlt und besonders empfänglich für Botschaften ist. Dies kann zu Verhaltensänderungen führen (Krolik, 2023).

Genau betrachtet ist die uns verändernde, parasoziale Interaktion schon seit Jahrtausenden Teil des menschlichen

Lebens. Auch beim Gebet – dem privaten Gespräch zwischen einem Gläubigen und seinem Gott – handelt es sich um eine parasoziale Interaktion, bei der etwas von dem nicht vor Ort Seiendem (Atheisten würden sagen: von dem nicht existenten Partner) in die Psyche des Menschen hineinfließt.

Aufbau von Hornhaut

Zuschauer können in Bezug auf das, was sie im Film sehen, abstumpfen. Eine Zusammenschau der Forschung zur Wirkung von Filmen in Fernsehen, insbesondere von solchen, die Gewalt darstellen, führt zu dem, was als „perverser Dreiklang" bezeichnet werden kann:

→ Wer oft Filme mit Gewaltdarstellungen anschaut, dessen Empfindsamkeit gegenüber realer Gewalt, die er im Alltag, also im eigenen Umfeld, beobachtet, lässt nach. (Thomas et al., 1977)
→ Wer oft Gewaltfilme sieht, ist eher geneigt, selbst gewalttätige Handlungen zu begehen. (Johnson et al., 2002)
→ Wer häufig Gewaltfilme konsumiert, überschätzt den Grad der Gewalttätigkeit in der eigenen Umgebung und hat mehr Angst, Opfer eines Überfalls zu werden. (Aronson et al., 2014)

Es gibt also klare Indizien, dass das Anschauen gewalttätiger Filmszenen den Fokus auf Aggression und die eigene Aggressionsneigung fördert. Allerdings wird im Rahmen dieser Forschung auch darauf hingewiesen, dass es viele andere – nicht filmbezogene – Einflüsse in unserem Leben gibt, die wesentlich bedeutsamer für unsere Neigung zu Gewalthandlungen seien (Aronson et al., 2014, S. 448 ff).

Filme als Quelle „hypnotischer Befehle"

Früher gab es in Westfalen das Sprichwort: „Der Mann ist der Kopf der Familie und die Frau ist der Hals, welcher den Kopf dreht." Heute sind es die Filme, die unseren Kopf drehen. In der modernen Sprache nennt man diesen Vorgang *Priming*. Filme lenken unsere Aufmerksamkeit auf bestimmte Themen, Sachverhalte oder Details, die dadurch mehr Präsenz in unserer Gedankenwelt gewinnen, ohne dass wir uns dessen bewusst sind. Nach dem Filmgenuss betrachten wir die Welt mit einem veränderten Aufmerksamkeitsfokus.

Bei Priming handelt es sich um einen Verarbeitungsprozess unseres Gehirns. Priming beeinflusst unsere Wahrnehmung, was auch im Alltag immer wieder zu beobachten ist: Kauft sich zum Beispiel unser Nachbar ein schickes rotes Auto, sehen wir in den folgenden Tagen plötzlich viele rote PKWs auf den Straßen. Lauter rote Autos, die uns vorher gar nicht aufgefallen sind.

Dieser Mechanismus erklärt auch die Wirkung von *Product Placement* in Filmen. Während des Filmgenusses sind die Zuschauer nicht auf Abwehr von Manipulation eingestellt. Sie konzentrieren sich auf die zentralen Aspekte der gezeigten Szene und nehmen das beworbene Produkt wahr, ohne es bewusst zu registrieren. Nach dem Anschauen des Films greift das Priming. Was wir im Film, ohne dass wir es bewusst bemerkten, sahen, fällt uns nun im Alltag leichter auf. So neigen wir zum Beispiel, nachdem wir den Spielfilm gesehen haben, dazu, auf einer Website oder im Kaufhausregal uns dem Apple-Computer zuzuwenden, weil dessen Logo auf dem Laptop des Hauptdarstellers abgebildet war.

Es gibt einige interessante Beispiele aus der Filmgeschichte, die diesen Wirkmechanismus veranschaulichen: Im ersten Drittel des letzten Jahrhunderts waren bei Männern Taschenuhren wesentlich populärer als Armbanduhren. Diese wurden, als sie aufkamen, als ein Accessoire

4 Wie verändert uns das Anschauen eines …

für Frauen angesehen. 1926 trug der Filmstar Rudolph Valentino in seinem Film „Der Sohn des Scheichs" eine Armbanduhr. Trice und Greer (2019, S. 134) gehen davon aus, dass dies den Wechsel hin zu Armbanduhren bei Männern stark beschleunigte. Viele Männer erhielten zum folgenden Weihnachtsfest eine solche Uhr von ihren Frauen als Geschenk.

Dieses Beispiel verdeutlicht, wie eine Verhaltensänderung unter anderem auch eine Kombination von unbewussten und bewussten Faktoren sein kann. Der Effekt durch das Priming ist unbewusst, während dem Zuschauer schon bewusst sein kann, dass der Star ihn beeindruckt und dass es auffällt und gefällt, dass dieser eine schicke Armbanduhr trägt. „Das wäre doch eine Idee als Geschenk für …" kann dann eine Konsequenz des Filmgenusses sein. Wobei Trice und Greer in ihrem Beispiel außer Acht lassen, dass sowohl auf den Schlachtfeldern des Ersten Weltkriegs als auch bei der aufkommenden Fliegerei Taschenuhren sich als unpraktisch erwiesen. Außerdem dürfte der Trend zu Armbanduhren durch die verbesserte Uhrentechnologie begünstigt worden sein, die eine höhere Ganggenauigkeit ermöglichte. Dennoch ist es plausibel, dass der Film die Veränderung deutlich beschleunigte.

Aus solchen positiven Beispielen die Konsequenzen ziehend, nutzten viele Jahre später Uhrhersteller ganz gezielt und durchaus erfolgreich Filme, um ihre Produkte zu bewerben. So trug der Geheimagent James Bond in seinem ersten Film „007 jagt Dr. No" (1962) eine Rolex Submariner, und der damals sehr populäre Steve McQueen im Film „Le Mans" (1971) eine TAG Heuer Monaco. Die für solche Produktplatzierung gezahlten Geldsummen sind teilweise bemerkenswert. So berichten Trice und Greer (2019, S. 135), dass Toyota fünf Millionen Dollar für die Platzierung ihres Lexus Modells in Steven Spielbergs Film „Minority Report" (2002) bezahlte.

Die Experimente von Auty und Lewis (2004) deuten an, wie leichtgängig und vollkommen unbewusst der Priming-Effekt funktioniert. Sie arbeiteten mit Kindern im Alter von sechs bis sieben Jahren sowie mit Elf- bis Zwölfjährigen und zeigten ihnen Filmsequenzen.

Unabhängig davon, ob sich die Kinder daran erinnerten, dass im Film Pepsi vorkam oder nicht, war ihre Präferenz für Pepsi gegenüber Coca-Cola relativ gesehen höher als bei denjenigen, die eine neutrale Filmsequenz gesehen hatten. Auty und Lewis (2004) fanden ebenfalls heraus, dass diese Tendenz hin zu Pepsi am stärksten bei den Kindern war, die diesen Clip vorher schon einmal gesehen hatten. Signifikante Unterschiede zwischen den jüngeren und älteren Kindern wurden nicht festgestellt. Interessant ist auch, dass mit Ausnahme der Gruppe, bei der der Effekt am stärksten war, alle Versuchsgruppen Coca-Cola gegenüber Pepsi bevorzugten.

Wie folgenreich erfolgreiche Produktplatzierung ist, sei es in Filmen oder auf andere Art und Weise, belegen Forschungsarbeiten wie sie zum Beispiel McClure et al., 2004 publizierten. Sie untersuchten, ob erwachsene Versuchspersonen Pepsi oder Coca-Cola bevorzugten. Im Blindtest, bei dem sie nicht wussten, welche Marke sie tranken, wurde Coca-Cola nicht bevorzugt. Sobald die Versuchspersonen jedoch wussten, dass sie Coca-Cola tranken, bevorzugten sie diese Marke. Der Clou an der Forschung? Es war nicht nur so, dass sie sagten, dass Coca-Cola besser sei, sondern im Gegensatz zum Blindtest zeigte der Gehirnscan in diesem Fall, dass nun auch die entsprechenden Gehirnbereiche aktiviert waren. Die physiologische Gehirnfunktion, dass es besser schmeckt, trat also nur dann auf, wenn sie wussten, dass sie Coca-Cola tranken.

Zusätzlich zum Priming durch Produktplatzierung ist der von dem Sozialpsychologen Robert Zajonc (1968) entdeckte Mere-Exposure-Effekt zu beachten. Dieser Effekt besagt, dass Menschen ein Objekt oder eine Person umso positiver bewerten, je öfter sie mit diesen konfrontiert werden – selbst, wenn sie sich dessen nicht bewusst sind. Zajoncs Forschung hat gezeigt, dass der Mere-Exposure-Effekt tatsächlich sehr robust ist und in vielen verschiedenen Kontexten auftritt, so auch bei der Bewertung von Kunstwerken, Musik, Freunden und politischen Kandidaten.

Dies bedeutet, dass wir in der Regel nicht nur die Filmstars mit jedem Anschauen einer ihrer Filme immer sympathischer finden, sondern dass uns auch die Häufigkeit, mit der wir zum Beispiel Gegenstände und Logos in Filmen sehen, beeinflusst.

Filme als gesellschaftlicher Stimmungsaufheller

Um es mit dem österreichischen Psychoanalytiker und Kulturtheoretiker Hans-Jürgen Wirth (1995) zu sagen: Die Kunst und der Film bringen das Spielerische in die Welt und lösen so die innere Gespanntheit und den Wiederholungszwang der Welt. Der Fokus liegt hier weniger auf dem bereits erwähnten individuellen Effekt des durch den Film ausgelösten Reinigungs- und Erholungsbades. Vielmehr geht es um den gesamtgesellschaftlichen Aspekt. Diesen haben, wie bereits erwähnt, in den 1930er- und 1940er-Jahren die Nationalsozialisten für ihre Zwecke genutzt.

Diese Wirkung des Filmgenusses wird durch die Erkenntnisse der Psychoneuroimmunologie gestützt. Soziale Unterstützung durch Freunde – sei es durch die „Freunde" im Film oder durch die positiven Effekte des gemeinschaftlichen Filmbesuchs – „korreliert mit einer hohen Anzahl von NK-Zellen [NK = ‚Natürlich Killerzellen', die in der Lage sind, abnormale Zellen wie Tumorzellen und virusinfizierte Zellen zu erkennen und abzutöten] sowie einem guten Gleichgewicht diverser am Immunsystem beteiligter

Zellen. In psychisch belastenden Situationen wirken sich gute soziale Beziehungen stimulierend auf die erworbene Immunität aus" (Miyazaki et al., 2005).

Hier schließt sich der Kreislauf zwischen den gesamtgesellschaftlichen Effekten, die das Anschauen von Filmen hat, und den bereits behandelten positiven individuellen Auswirkungen.

Filme als Stabilisators für die bestehende gesellschaftliche Ordnung

Filme können starke gesellschaftspolitische Auswirkungen haben. Dabei gibt es zwei Stoßrichtungen: den innenpolitischen und den außenpolitischen Fokus. Ziel und Wirkung sind jedoch in beiden Fällen dieselben: den inneren Zusammenhalt der Gesellschaft zu stärken. Innenpolitisch gibt es wiederum zwei Varianten. Einerseits stabilisieren Filme, die auf den Markt gebracht und gerne angeschaut werden, die Stimmungslage der Bevölkerung. Andererseits gibt es die andere Variante, die typischerweise von Intellektuellen angesprochen wird, welche die bestehende Gesellschaftsordnung kritisch sehen. In ihren Augen werden Filme in einem Hier und Jetzt gedreht, stellen oft mehr oder weniger einen Alltag dar, der unserem ähnelt, und werden von uns im Rahmen dieses Alltags konsumiert. Selbst falls in ihnen Missstände aufgezeigt werden, verfestigen Filme nach dieser Sichtweise aufgrund ihres normativen Charakters den Status quo – also die bestehenden Verhältnisse, so wie sie sind. Filme führen somit durch ihr gesamtes Setting zu gesellschaftspolitischer Disziplinierung, Standardisierung und Stabilisierung.

Bei der außenpolitischen Perspektive wird versucht, den Zusammenhalt der eignen Nation zu stärken, indem man sie im heroischen Kampf gegen einen externen Feind zeigt.

Auch hierbei gibt es zwei Varianten: die rückwärts- und die vorwärtsgerichtete. In der rückwärtsgerichteten werden Ereignisse aus der Vergangenheit wiederbelebt, in der vorwärtsgerichteten werden die Zuschauer durch ein imaginäres Geschehen auf eine zukünftige außenpolitische Konfliktlinie vorbereitet.

➜ Filmhinweis, amerikanisch: z. B. „Der Soldat James Ryan" (1998) von Steven Spielberg
➜ Filmhinweis, türkisch: z. B. „Tal der Wölfe – Irak." (2006) von Serdar Akar
➜ Filmhinweis, russisch: z. B. „Balkan Linie" (2019) von Andrey Volgin
➜ Filmhinweis, chinesisch: z. B. „The Eight Hundred" (2020) von Hu Guan

Die Unterlassungswirkung

Vermutlich ist dies die tiefgreifendste Auswirkung der Filmwelten: das Unterlassen anderer Tätigkeiten und Aktivitäten, weil wir viel Zeit damit verbringen, Filme anzuschauen. Wir haben weniger Antrieb, uns abends mit anderen zu verabreden oder sie einzuladen – zu verlockend ist die Bequemlichkeit einfach den Fernseher oder das Tablet einzuschalten.

Die positiven Auswirkungen der gemeinsamen Aktivtäten mit anderen sind in der eigenen Erwartungshaltung nicht so plastisch erlebbar. Zudem ist das Planen und Organisieren von Verabredungen mit anderen deutlich mühsamer als der kurze Druck auf den Knopf, um in die Filmwelten einzutauchen. Somit verstreichen Chancen ungenutzt, Beziehungen zu pflegen oder den eigenen Horizont auf nicht-mediale Weise zu erweitern.

Auch der innere Antrieb, aus dem eigenen Leben, mehr zu machen, wäre vermutlich stärker, wenn der Zugang zu den Filmwelten nicht so mühelos wäre. Ohne Spielfilme und virtuellen Medien kämen viele zu der Erkenntnis, dass permanentes Nichtstun keine Lösung ist – und würden ihr Leben aktiver gestalten.

Wie leicht ist es zu bemerken, ob Filme uns verändern?

Es ist eine sehr komplexe Herausforderung, die Wirkung eines Films zu analysieren. Dies gilt nicht nur in Hinsicht auf die systematische Erforschung der Wirkung, sondern sogar für die eigene Introspektion, bei der wir versuchen herauszufinden, ob und wie ein Film uns verändert.

Nehmen wir zum Beispiel den mit Gewaltszenen gespickten Kriminalfilm. Inwiefern wirkt er als kathartische Reinigung, oder findet ein Triggern und Modelllernen für aggressives Verhalten statt? Welche Rolle spielt die Art und Weise, wie ein Gewaltakt dargestellt, durch wen er ausgeführt und in welchem Kontext der Filmstory die Gewalt gezeigt wird? Können nach einem Film mehr oder weniger gleichzeitig mehrere Auswirkungen auftreten, die sich möglicherweise gegenseitig verstärken oder auch neutralisieren? Wir man zum Beispiel einerseits weniger aggressiv, weil man sich durch den Filmgenuss entspannte und anderseits jedoch eher zu Aggressionen neigen, da ein Modellernen stattgefunden hat? Kann es sein, dass die Wirkung der unterschiedlichen Faktoren über die Zeit eine unterschiedliche ist? Die eine Auswirkung also stark beginnt und dann nachlässt, während die andere am Anfang vergleichsweise schwach beginnt, dann aber mit der Zeit immer mehr zum Tragen kommt?

Diese Fragestellungen verdeutlichen die Schwierigkeiten bei der Erforschung der Wirkung von Filmen auf Menschen. Dabei ist die erschwerend hinzukommende Unterschiedlichkeit von Menschen noch gar nicht berücksichtigt. Wirken Gewaltfilme bei in sich ruhenden Menschen anders als bei seelisch instabilen? Spielt die Stimmungslage, bevor man den Film anschaut, eine Rolle?

Am Beispiel von Horrorfilmen wurde erforscht, wie der emotional-kognitive Denkstil eines Menschen seine Reaktion auf einen Film beeinflusst. Die Forschungsergebnisse zeigen, dass bei verschiedenen Zuschauern die gleiche Filmszene unterschiedliche Bereiche im Gehirn aktiviert.

Filme werden von manchen Zuschauern genauso erlebt, als ob das Gesehene Realität wäre, während andere sich stets gewahr sind, dass das Gesehene rein virtuell ist. „Menschen, die einen Horrorfilm als im weitesten Sinne realistisch einordnen, nehmen das Gesehene so wahr, als habe es Effekte auf ihren eigenen Leib und ihr Leben" (Fehr, 2015). Bei diesen werden durch die empfundene Bedrohung die für Angriffs- und Fluchtreflexe zuständigen Areale im Hirnstamm aktiviert.

Bei Menschen hingegen, die solche Filme als virtuell erleben, erfolgt eine ganz andere körperliche Reaktion. Diese ermöglicht es ihnen, sich auf Horrorfilme einzulassen, ohne von Furcht- oder Fluchtimpulsen beeinträchtigt zu werden (Fehr, 2015).

Aber die Liste der Hindernisse, die es schwierig machen, durch experimentelle Forschung eine präzisere Erkenntnis über die Wirkung von Filmen zu erlangen, ist noch nicht vollständig.

Im vorhergehenden Text wurden Studienergebnisse zitiert, wonach – vereinfacht gesagt – Menschen, die viele Gewaltfilme anschauen, aggressiver sind. Aber was ist Ursache und was ist Wirkung? Vielleicht schauen sie oft Gewaltfilme an, weil sie bereits unabhängig von der Filmbetrachtung eine hohe Affinität zu Gewalt haben – sei es, dass sie innerlich generell unter Anspannung stehen, durch ihre Umwelt bereits viel mit Gewalt konfrontiert werden oder bereits eine starke Tendenz zu aggressivem Verhalten zeigen und diese öfters auch ausleben.

Die Forschung liefert bisher verschiedene Hinweise darauf, wie diese Phänomene zusammenhängen könnten, aber wenige umfassende und stichhaltige Belege. Trotzdem sind diese Forschungsergebnisse wertvoll, um uns der Realität, wie Filmwelten auf uns wirken, anzunähern.

Eines ist in Bezug auf die Wirkung von Filmen klar: Filme sind in der Lage, uns zu verändern. Jeder einzelne Film ist eine kleine Schneeflocke, und viele Flocken ergeben eine Schneelandschaft – vielleicht sogar eine Lawine, die nur ausgelöst werden muss, damit sie losgeht. Vielleicht verändert uns noch nicht der erste oder zweite Kriegsfilm, den wir sehen, aber der vierzehnte oder fünfzehnte schon. Ist wiederholter Konsum von Kriegsfilmen vielleicht mitunter die Ursache für Massaker und Kriegsverbrechen, wie sie zum Beispiel im Kongo oder in der Ukraine stattfanden? Sie sind sicherlich multikausal bedingt, aber vielleicht wurden sie unter anderem durch Filme, die die grausamen Soldaten in den Jahren zuvor gesehen hatten, gefördert?

Literatur

Aronson, E., Wilson, T., & Akert, R. (2014) *Sozialpsychologie* (8. Aktualisierte Aufl.). Pearson Deutschland GmbH.

Auty, S., & Lewis, C. (2004). Exploring children's choice: The reminder effect of product placement. *Psychology & Marketing, 21,* 697–713. Zitiert nach Trice & Greer 2019, S. 137.

Bandura, A., & Huston, A. (1961). Identification as a process of incidental learning. *Journal of Abnormal and Social Psychology, 63,* 311–318.

Bandura, A., Ross, D., & Ross, S. (1961). Transmission of aggression through imitation of aggressive models. *Journal of Abnormal and Social Psychology, 63,* 575–582.

Bandura, A., Ross, D., & Ross, S. (1963). Imitation of film-mediated aggressive models. *Journal of Abnormal and Social Psychology, 66*, 3–11. Zitiert nach Trice & Greer (2019) S. 147 ff.

Berry, M., Gray, T., & Donnerstein, E. (1999). Cutting film violence: Effects on perceptions, enjoyment, and arousal. *Journal of Social Psychology, 139*, 567–582.

BKA. https://www.bka.de/DE/UnsereAufgaben/Ermittlungsunterstuetzung/OperativeFallanalyse/PolizeilicherFallanalytiker/polizeilicherfallanalytiker_node.html. Zugriff am 20.01.2023.

Fehr, T. (2015). *Was passiert im Gehirn, wenn wir einen Horrorfilm anschauen?* (dasgehirn.info).

Fehr, T., & gemäß Klares, A. (2015). *Horror im Kopf.* https://ferrarsundfields.de/2019/08/10/horror-im-kopf-gruseln-gehirn/. Zugriff am 08.03.2023.

Forgas, J. P., & Moylan, S. (1987). After the movies: Transient mood and social judgments. *Personality and Social Psychology Bulletin, 13*, 467–477. Zitiert nach Trice, Ashton und Greer, Hunter: The Psychology of Moviegoing. MacFraland & Company, Jefferson, 2019, S. 37.

Fuchs, W. (1997). Äußere und innere Realität: Beiträge zur Psychoanalyse des Bewusstseins. Mertens Wolfgang: *Zeitschrift für psychoanalytische Theorie und Praxis.* 22. Jahrgang, Ausgabe 4, S. 435–440.

Gračanin, A., Vingerhoets, A., Kardum, I., Zupčić, M., Šantek, M., & Šimić, M. (2015). Why crying does and sometimes does not seem to alleviate mood: A quasi-experimental study. *Motivation and Emotion, 39*, 953–960.

Greitemeyer, T., & Osswald, S. (2010). Effects of prosocial videogames on prosocial behavior. *Journal of Personality and Social Psychology, 98*(2), 211–221.

Horton, D., & Wohl, R. (1956). Mass communication and parasocial interaction. Observations on intimacy at a distance. *Psychiatry, 19*, 215–229. https://de.wikipedia.org/wiki/Parasoziale_Interaktion. Zugriff am 06.03.2023.

Johnson, J., et al. (2002). Television viewing and aggressive behavior during adolescence and adulthood. *Science, 295*, 2468–2471.

Krolik, P. https://houseofyas.de/impact/parasoziale-beziehungen-und-ihre-bedeutung-im-marketing/#:~:text=Was%20sind%20parasoziale%20Beziehungen%3F,%2D%20und%20TV%2DFandoms%20gestellt. Zugriff am 30.01.2023.

McClure, S., Li, J., Tomlin, D., Cypert, K., Montague, L., & Montague, R. (2004). Neural correlates of behavioral preference for culturally familiar drinks. *Neuron, 44*(2), 379–387.

Miyazaki, T., Ishikawa, T., Natata, A., et al. (2005). Association between perceived social support and Th1 dominance. *Biological Psychology.*, 70, 30–37. Zitiert nach: https://de.wikipedia.org/wiki/Psychoneuroimmunologie#Soziale_Bindungen. Zugriff am 21.06.2024.

Ozimek, P., et al. (2022). *Angewandte Sozialpsychologie* (S. 309). Verlag W. Kohlhammer.

Pressman, S. D., & Cohen, S. (2005). Does positive affect influence health? *Psychological Bullentin, 131*, 926–971. Zitiert gemäß Wikipedia: https://de.wikipedia.org/wiki/Psychoneuroimmunologie#Positive_Gef%C3%BChle

Sinclair, S., et al. (2005). Social tuning of automatic racial attitudes: The role of affiliative motivation. *Journal of Personality and Social Psychology, 89*(4), 583–592. (Quelle: Aronson, Elliot; Wilson, Timothy & Akert Robin, 2014, S. 165).

Thomas, M., et al. (1977). Desensitization to portrayals of real-life aggression as a function of exposure to television violence. *Journal of Personality and Social Psychology, 35*, 450–458.

Trice, A., & Greer, H. (2019). *The psychology of moviegoing*. MacFraland & Company.

Underwood, B. J., Berenson, J. F., Berenson, R. J., Cheng, K. K., Wilson, D., Kulik, J. A., Moore, B. S., & Wenzel, G. (1977). Attention, negative affect, and altruism: An ecological validation. *Personality and Social Psychology Bulletin, 3*, 54–58.

Wirth, H.-J. (1995). *Film, Kunst und Spiel*. Klett-Cotta.

Wirtz, R. A. (2023). *Die Sexualität zwischen Fluch und Utopie*. Unveröffentlichtes Manuskript.

Zajonc, R. (1968). Attitudinal effects of mere exposure. *Journal of Personality and Social Psychology, 9*(2), 1–27.

5

Filmwelten: Urszenen einer Zeitenwende?

Was bedeutet die Strahlkraft der Filmwelten, die auf so vielen Ebenen unser Verlangen triggert, für die Gesellschaft, in der wir leben? Sind diese Filmwelten die Urszene einer Zeitenwende? Nachdem die Filmwelten in diesem Buch durchleuchtet wurden und das Feld somit vorbereitet ist, fokussiert dieses Kapitel auf den Themenkomplex Urszene und Zeitenwende, ausgelöst durch die immer mehr Raum greifenden Filmwelten.

Die Urszene

Zuerst stellt sich die Frage, was für eine Urszene? Das bisher Geschilderte verdeutlicht: Die Kraft der Bilder dringt mit Macht in uns ein und durchdringt uns. Die Filmwelten schleichen sich an uns heran, sind verführerisch schön, locken uns mit süßen Schalmeientönen, und ehe wir uns versehen, ist es um uns geschehen. Der Filmemacher in der Rolle des klassischen Verführers: Fähig zu liebevollem Säuseln, nutzt er den verhaltenen, aber spürbaren Willen des Zuschauers, sich ein kleines bisschen einzulassen, um ihn zu überrumpeln. Wie ein „Casanova-Monster" nutzt er die Gunst der Minuten, die unachtsame Jungfrau zu verführen, sie zu missbrauchen, ehe sie sich wirklich gewahr ist, was gerade geschieht – Verzeihung – was gerade geschehen ist.

So machen es die Filmwelten mit uns. In freudiger Erwartung und mit einer kleinen, harmlosen Portion Vorfreude oder auch Angstlust lassen wir uns auf sie ein ... und ehe wir uns versehen, sind wir durch die Macht der Emotionen und die Kraft der Bilder für den Rest unseres Lebens geprägt. Wir sehen die Welt nicht mehr so, wie sie ist, sondern durch die Augen einer trügerischen Fiktion, einer Welt, die gar nicht existiert, nie existiert hat, nie existieren wird – und doch uns auf einmal mehr mit „Realität" auffüllt, als der einfache, kleine, unspektakuläre Alltag, der in Wirklichkeit unser Sein darstellt.

Mitverantwortlich hierfür: Spiegelneuronen, zuerst durch Zufall bei Affen entdeckt, die zu spät vom Versuchsleiter Rizzolatti von der Gehirnfrequenzmessung abgekoppelt wurden. Das, was wir Menschen sehen, was mit anderen Menschen geschieht, wird von unserem Gehirn in simulierter Weise auch erlebt. Der ebenfalls beteiligte Forscher Gallese nannte dies später „Embodied Simulation" (Gallese, 2007). Er erweitert das Konzept sogar: „Was ich „Embodied Simulation" nenne, geht über die Spiegelneuronen hinaus. Es beruht auf der Annahme, dass es in unserem Körper fundamentale Mechanismen gibt, die uns einen direkten Zugang zum Geist anderer erlauben, und zwar nicht durch konzeptuelles Nachdenken, sondern durch direkte Simulation des beobachteten Verhaltens. Das heißt nicht, dass wir die Handlungen des anderen imitieren. Gemeint ist vielmehr, dass wir unsere Umgebung im Gehirn abbilden – und zwar nicht allein mittels sprachlicher Prozesse ..., sondern auch durch Bewegungsneuronen." (Gallese 2016). Der von ihm aufgeführte Effekt

5 Filmwelten: Urszenen einer Zeitenwende?

dürfte umso stärker sein, je realistischer und deutlicher die beobachtete Szene auf uns wirkt.

Die letzten hundert Jahre Menschheitsgeschichte sind ein Kontinuum der Vereinnahmung durch künstliche Welten. Sacht startend in den 20er-Jahren des letzten Jahrhunderts mit den grau-abstrakten Metropolis-Bildern und den eindringlichen Nahaufnahmen einer stumm schreienden Mutter auf der Treppe in Odessa in Eisensteins „Panzerkreuzer Potemkin" über die berühmte Dusch- und Messerszene aus Alfred Hitchcocks Film „Psycho" der 1960er-Jahre bis hin zu den Gewaltszenen der Fernsehserie „Babylon Berlin", die nur scheinbar in den 1920er-Jahren spielt, tatsächlich aber 2017 und in unseren Köpfen.

Solche Szenen prägen uns. Sie sind Teil unserer neuen, umfassenden Realität. Sie wirken vermutlich auch deswegen so stark, weil das Leben vieler Erwachsener meist nicht bunt, grell und herzergreifend daherkommt, sondern – um die Anforderungen des Lebens zu meistern – in einem farblosen Brei des Alltagstrotts gefangen ist.

Vielleicht rettet uns etwas, in das viele Mitbürger ein großes Vertrauen haben? Unser rationaler Verstand, das umsichtige ICH. Doch jeder, der sich mit Psychoanalyse beschäftigt hat, weiß, dass dieser Verstand ein trügerisches Ding ist. Restlos zerstört wird die Illusion des rationalen Beherrschens unserer Welt beispielhaft durch Carl I. Hovland (Dobelli, 2011, S. 81). Dieser Psychologe arbeitete im Zweiten Weltkrieg für die US-amerikanische Armee. Die Amerikaner produzierten damals Propagandafilme, um ihre eigenen Soldaten für die Sinnhaftigkeit des Krieges zu begeistern. Allerdings zeigte sich, dass die Soldaten das Spiel durchschauten. Bei der Nachbefragung direkt nach dem Film wurde deutlich, dass die so professionell gestaltete Propaganda die Kriegsbegeisterung nicht gesteigert hatte. Welche Überraschung neun Wochen später: Die Sympathie für den Krieg war bei jenen Soldaten, die den Film gesehen hatten, deutlich gestiegen. Die Erklärung liegt darin, dass der Verstand vergisst, was er erkannt hat, während die durch den Film erzeugten Gefühle weiterhin in uns bestehen und Wirkung entfalten können.

Dieses Phänomen tritt auf, obwohl bei uns Menschen auch das Reaktanz-Prinzip gilt. Mit Reaktanz ist Folgendes gemeint: Wenn Menschen merken, dass man sie manipulieren möchte, schalten sie auf Trotz und verändern sich erst recht nicht.

Angesichts der zitierten Forschung, die belegt, dass Filme unsere Weltsicht verändern können – selbst dann, wenn der Zuschauer weiß, dass der Produzent ihn beeinflussen möchte –, stellt sich die spannende Frage, wann das Reaktanz-Prinzip greift und wann nicht. Doch egal, wie sehr uns die Reaktanz behüten könnte, wenn wir ohne Skepsis, in Erwartung harmloser Unterhaltung, einen Spielfilm sehen, wird sie uns nicht schützen.

So trifft zu, was Rolf Arno Wirtz (2023) wie folgt formuliert hat: „Urszene heißt, dass alle Dinge und wir aus der Dummheit (dem Trieb ohne Kopf) und dem berechnenden Geist (dem Kopf ohne Liebe) entstanden sind."

Die Unterscheidung, ob es sich um eine Verführung handelt oder nicht, wird oft an der Intention des Verführers festgemacht. Es gibt jedoch auch die Variante, dass ein Verführer etwas billigend in Kauf nimmt. Was scheren mich die „Nebeneffekte", wenn ich als Produzent, als Regisseur mein Hauptziel erreiche, berühmt zu werden, Geld zu verdienen oder die Welt in meinem Sinne zu verbessern?

Martin Irle (1975, S. 281) veranschaulicht in seinem Lehrbuch zur Sozialpsychologie den Leitgedanken der Intention in schönstem, wissenschaftlichem Psychologendeutsch (und deswegen wird er hier zitiert): „,Profit' oder Belohnung (positive Verstärkung) des sozialen Agenten, so wenigstens vom Rezipienten zutreffend oder nicht zutreffend kogniziert als Intention des sozialen Agenten für eine gesendete Information durch ein gegebenes Kommunikations-Medium, führt zur Etikettierung als Propaganda, fehlende Intention nach ‚Profit' zur Etikettierung als Erziehung."

Die Zeitenwende

Das nun folgende Kapitel beschäftigt sich mit der Frage, ob diese Urszenen der Befruchtung von uns Menschen durch die Filme sogar zu einer Zeitenwende führen wird.

Viele von uns können Daten nennen, die Zeitenwenden darstellten: der Fenstersturz in Prag 1616, die Ermordung des österreichischen Thronfolgers 1914 oder der erste Atombombenabwurf 1945. Doch die typische Zeitenwende, wie auch die soeben genannten Ereignisse, ist das Resultat eines längeren, schleichenden Prozesses, der in der Regel zu seiner Zeit nur in Ansätzen als solcher erkannt wird.

Wie sieht dies in Bezug auf unsere Filmwelten aus? Bilder existieren seit Tausenden von Jahren. Irgendwann lernten die Bilder „laufen" – zuerst ganz graublass und stumm, dann schon beredter und auch in Farbe. Seit einigen Jahren, noch in den Kinderschuhen, haben wir Filme in 3D, aber bereits mit beeindruckendem Dolby-Surround-Klang. Nun steht die Künstliche Intelligenz (KI) vor der Tür. Filme verändern uns bereits heute, aber was wird erst geschehen, wenn wir in Zukunft dank perfektionierter Bildwelten, taktiler Stimulierung und eingestreuten Düften kaum noch unterscheiden können, ob wir uns in einem Film oder in unserer althergebrachten Realität befinden?

Dabei sind nicht nur die direkten, allgemeinen und individuellen Auswirkungen des Filmkonsums zu berücksichtigen, sondern auch der gesamtgesellschaftliche Rahmen, in dem der Filmgenuss eingebettet ist. Sowohl unser Arbeitsleben als auch die Art und Weise, wie Freizeit verbracht wurde, sahen im 19. Jahrhundert und zu Beginn des 20. Jahrhundert noch ganz anders als heute. Es ist zu vermuten, dass Eckkneipen und Stammtische, das Fehlen von Radio und Fernsehen, gegenseitige, gerade auch unangekündigte Besuche sowie das engere Zusammenleben zu deutlich mehr persönlichem Kontakt zwischen den Menschen führten als dies heute, im Zeitalter des Homeoffice und des Supermarkts, der Fall ist.

Haben sich persönliche Kontakte, Häufigkeit und Dauer der Gespräche mit anderen Menschen mit dem Aufkommen der Filmwelten bereits in einem kritischen Ausmaß verändert? Kann es sein, dass unsere Alltagsrealität nicht mehr durch diese bereichert wird, sondern auf dem Weg ist, durch sie ersetzt zu werden?

Nach Angaben der AGF-Videoforschung (kek-online, 2022) betrug der tägliche Fernsehkonsum im Jahr 2021 in der Gesamtbevölkerung (ab 3 Jahren) mehr als dreieinhalb Stunden, bei den über 50-Jährigen sogar mehr als fünfeinhalb Stunden. Dabei ist die Zeit, die wir vor dem Computer, mit dem Anschauen von DVDs, der Nutzung der Videostream-Plattformen oder – wie exotisch – mit dem Besuch eines Kinos verbringen, noch gar nicht berücksichtigt.

Sind wir angesichts der Filmwelten, die uns einnehmen, mit den Fröschen zu vergleichen, die man kochen möchte? Wie kocht man sie? Indem man sie in einen Kochtopf mit kaltem Wasser setzt und dieses ganz langsam erwärmt. Die Frösche merken die schrittweise Temperaturerhöhung nicht, und plötzlich ist es zu spät. Vielleicht geht es uns mit den Filmwelten genauso wie diesen Fröschen. Ist der Frosch vielleicht schon halbgar?

Das Absaugen unserer Lebenszeit durch die Medien mag schlimm sein, aber vielleicht ist dies noch nicht einmal die größte Herausforderung, der wir uns stellen müssen:

Wie bilden wir uns unsere Meinungen? Insbesondere über Sachverhalte, die wir nicht direkt mit unseren Sinnen erleben, oder die wir zwar direkt erleben, aber aufgrund ihrer Komplexität nur unzureichend beurteilen können? Der Philosoph Lyotard bringt es klar auf den Punkt: „… Wissen ist … mit der Wissenschaft nicht identisch" (Lyotard, 1979, S. 61/S. 66). Es besteht die Gefahr, dass das Kriterium der Annehmbarkeit einer Aussage zu ihrem Wahrheitswert wird (Lyotard, 1979, S. 74).

Für die Filmwelten bedeutet dies, dass das, was in unser Weltbild passt, und das, was klug und ansprechend in Filmen inszeniert wird, unsere Werte und Ansichten formt. Nicht mehr die objektive Realität, sondern die geschickt in Szene gesetzte Fiktion entscheidet dann darüber, wie wir unsere Realität und unser Leben wahrnehmen und deuten.

Sind Forschungsergebnisse, wie z. B. jene von Georg Gerbner (2002), schon erste Resultate dieses Prozesses? TV-Vielseher verfügen über eine verzerrte Auffassung der Realität, indem sie sowohl das Risiko, Opfer eines Gewaltaktes oder einer kriminellen Handlung zu werden, als auch den Anteil von Reichen in der Gesellschaft überschätzen (Roehling, 2009).

Noch bedenklicher werden diese Erkenntnisse, wenn der sogenannte Kultivierungsansatz Recht hat. Dieser geht von der Annahme aus, dass die Bürger in modernen Gesellschaften ihre Informationen überwiegend aus der medial vermittelten Welt beziehen (Langer, 2013).

Filmwelten – ein Paradies für Filmmacher und die Tür zur Hölle für die ihnen ausgelieferten Konsumenten? Doch auch das Gras im Paradies ist nicht ganz so grün, wie es von außen scheint. Der Wettbewerbsdruck auf Seiten der Macher ist enorm. Um es mit dem bereits zitierten Rolf Wirtz zu sagen: „Wer wachhält, gewinnt, wer ermüdet, verliert, eine grausamere Moral als die alttestamentarische" (Wirtz, 2023). Dieser immense Wettbewerbs- und Erfolgsdruck führt dazu, dass sich die Filmwelten immer weiter professionalisieren, innovativ voranschreiten und unser Dilemma vergrößern.

Fazit und Ausblick

Nun sind Sie mir über einige Seiten hinweg in die Welt des Kinos und der Filme gefolgt, sind mit mir hinabgestiegen in den verdunkelten Hadesraum des Kinosaals, um zu erfahren, wie dort unser Unbewusstes okkupiert wird. Allerdings ist zu befürchten, dass es Ihnen bei der Meinungsbildung über die Welt ähnlich ergeht wie mir vor einigen Jahren auf einer Indienreise:

Wir waren auf Tigerpirsch. Ich, der stets umsichtige, vorsichtige Mensch, der sich vor Giftschlangen fürchtet, vor Killerhunden Ehrfurcht hat und sehr besorgt ist, sich in exotischen Ländern mit Malaria zu infizieren, saß hinten rechts im „Safari"-Jeep. Doch kein Tiger ließ sich blicken. Also fuhren wir zu einer der wenigen Wasserstellen des Reservats, da diese Raubtiere dort gerne ihrer Beute auflauern. Auf Anweisung unseres Guides bewegten wir uns nicht und saßen mehrere Minuten mucksmäuschenstill in unserem Jeep. Das Ergebnis? Nein, kein Tiger, aber mehrere Mücken hatten den schmalen Spalt zwischen meiner Hose und den Strümpfen entdeckt und sich kräftigt an meinem Blut gelabt – und das in einer der Malaria-gefährdetsten Gegenden Asiens.

Wo die Parallele ist? Wir sprechen über Kino- und Fernsehfilme, doch das wirkliche Medium, welches uns das Fürchten lehren kann – und vermutlich sollte –, sind nicht die großen, langen Spielfilme, sondern die kurzen Filmclips auf Nachrichtenwebsites mit ihren Katastrophenvideos, den Promistorys und den reißerisch aufgemachten Breaking News. Auch die unzähligen kleinen Videos in den Sozialen Medien sind nicht zu unterschätzen. Denn auch diese wirken und sind, selbst wenn sie in guter Absicht gedreht wurden, nur ein ganz kleiner und selektiver Ausschnitt der wirklichen Welt.

Diese sehr kurzen Filme erzeugen Bilder, die auf uns einwirken. Während wir gebannt auf das Flugzeug starren, das in einen Twin Tower einschlägt, oder auf die Feuerwalzen, die griechische Inseln verwüsten, verhungern vielleicht Zehntausende in Burundi und auf den Komoren. Erschwerend kommt hinzu, dass diese riesige, vielfältige, moderne

5 Filmwelten: Urszenen einer Zeitenwende?

Welt, in der wir leben, mit unserem Verstand immer schwerer zu erfassen ist. Die einzige Realität, die aktuell und greifbar ist, ist die, dass Sie jetzt hier an diesem Ort sind und dieses Buch lesen.

Die sich verfeinernden Filmwelten verändern uns und unser Welterleben grundlegend. Wir beurteilen die Welt zunehmend anhand dessen, was uns die Filmwelten, insbesondere die so leicht konsumierbaren ein- bis zweiminütigen Videoclips, präsentieren. Die Tür der Zeitenwende hat sich bereits geöffnet, aber das wirklich gravierende Ende, unsere vermeintlich so herrliche „Befruchtung" durch den Gott der filmischen Realitäten, steht uns vermutlich noch bevor. Die kontinuierlich voranschreitende Perfektionierung der Filmwelten, zusammen mit den Fortschritten der Künstlichen Intelligenz, wird diese Tür wohl mit aller Kraft aufstoßen. Wie bereits ausgeführt zeichnet sich ab, dass zukünftige Filmrealitäten unsere Sinne so perfekt ansprechen werden, dass es schwerfallen wird, zwischen Fiktion und Realität zu unterscheiden. Gleichzeitig ist anzunehmen, dass die pharmazeutische Industrie sich weiterentwickeln und uns ganz neue, ungeahnte Substanzen zur Manipulation unserer Gefühle zur Verfügung stellen wird.

Es wird ein Alltag werden, in dem die Robotertechnik solche Fortschritte gemacht hat, dass unsere Nachfahren auf den ersten Blick nicht mehr erkennen werden, ob ihr Gesprächspartner ein Mensch oder ein Roboter ist. Die kommenden Filmwelten werden somit eingebettet sein in ein großes Ganzes der Menschheitsentwicklung. Am Ausgangspunkt dieser sich gerade vollziehende Zeitenwende stehen vor allem auch die Filmwelten und die von ihnen erzeugte Verschiebung unserer Realitätswahrnehmung sowie die damit einhergehende Mutation unseres sozialen Miteinanders.

Literatur

Dobelli, R. (2011). *Die Kunst des klaren Denkens: 52 Denkfehler, die Sie besser anderen überlassen* (S. 81). Carl Hanser Verlag, München

Gallese, V., & Bylow, C. (2016). *Ich und Du – Einstein Stiftung Berlin* (einsteinfoundation.de https://www.einsteinfoundation.de/albert/albert-nr-2-neurowissenschaften/ich-und-du/). Zugegriffen am 30.01.2023.

Gallese, V. (2007). Embodied simulation: from mirror neuron systems to interpersonal relations. *Novartis Found Symposium, 278*, 3–12; discussion 12–9, 89–96, S. 216–221.

Gerbner, G., et al. (2002). Growing up with television: Cultivation processes. In J. Bryant & D. Zillman (Hrsg.), *Media Effects: Advances in theory and research* (S. 43–67). Erlbaum.

Irle, M. (1975). *Lehrbuch der Sozialpsychologie* (S. 281). Verlag für Psychologie, Dr. C. J. Hogrefe.

kek-online.: https://www.kek-online.de/medienkonzentration/mediennutzung/fernsehnutzung#:~:text=Nach%20Angaben%20der%20AGF%20Videoforschung,%3B%202019%3A%20211%20Minuten. Zugegriffen am 22.12.2022.

Langer, R. (2013). *Das Wirkungspotential von Politik in fiktionalen Unterhaltungsformaten, Masterarbeit.* http://websquare.imb-uni-augsburg.de/files/Masterarbeit_Regina_Langer.pdf. Augsburg. Zugegriffen am 01.06.2024.

Lyotard, J.-F. (1979). *Das postmoderne Wissen; Passagen MA-Arbeit neu.doc (imb-uni-augsburg.de)*. Verlag.

Roehling, S. (2009). *Die Realität des Tatorts, Magisterarbeit.* GRIN Verlag. https://www.grin.com/document/142620. Zugegriffen am 21.12.2022

Wirtz, R. A. (2023). *Die Sexualität zwischen Fluch und Utopie, Unveröffentlichtes Manuskript.*

6

Erweiterungen und Epiloge

Erweiterung: Für immer mein

Neben all dem, was in diesem Buch aufgeführt wurde, gibt es noch einen bisher nicht erwähnten Aspekt: die Bereicherung durch besondere Filmmomente. Es sind ergreifende Szenen und Bilder, die den Zuschauer von nun an in seinem Leben begleiten. Die Skyline von New York untermalt von der Klarinettenmusik Gershwins in „Manhattan" (1979) von Woody Allen, der Zusammenstoß mit unserem Geschwister-Planeten in „Melancholia" (2011) von Lars von Trier, die aus der Wüste ragende Freiheitsstatue in „Planet der Affen" (1968) von Franklin Schaffner sind zu ständigen Begleitern in meinem Leben geworden. Bilder, die zumindest ich nie mehr vergessen werde.

Jeder von uns wird vermutlich durch andere Filmszenen innerlich bereichert. So wie man ein Fotoalbum mit Familienbildern besitzt, können viele von uns eines mit beeindruckenden Filmszenen gestalten. Eine inspirierende Idee für Gespräche mit anderen oder als Hilfe beim nächtlichen Einschlafen.

Leitfragen für den Dialog mit anderen über Filmwelten

Es kann sehr bereichernd sein, über Filme zu reden. Hierbei gibt es zwei sehr unterschiedliche Ansätze. Der eine ist, mit anderen gemeinsam einen Film zu analysieren, der zweite, sich im gemeinsamen Dialog über vergangene Filmerlebnisse auszutauschen. Letzteres bereichert und vertieft die Beziehung zum Gesprächspartner.

Um den Einstieg zu erleichtern, finden Sie hier einige beispielhafte Leitfragen für einen bereichernden Dialog:

- Was war in den letzten Monaten ein Film, der Sie beeindruckt hat? Welcher Film, warum dieser Film? Was war an dem Film besonders, was hat Ihnen gefallen?
- Nennen Sie ein Bild/eine Szene aus einem Film, die Ihnen im Gedächtnis geblieben ist. (Bitte greifen Sie jedoch nicht auf Bilder oder Szenen zurück, die in den Medien bei Erwähnungen des Films immer wieder verwendet werden.)
- Finden Sie einen Film, den sowohl Sie als auch der Gesprächspartner gesehen haben. Wer erinnert sich an welche Filmszenen? Wie haben Sie die Darsteller erlebt? Welche Szene hat welche Gefühle ausgelöst?
- Welcher Film ist Ihr Lieblingsfilm, und warum?
- Gibt es einen Film, der Ihr Leben verändert hat? Was an dem Film war das, was Sie beeinflusst hat, und wie hat es Sie verändert?
- In welchem Alter haben Sie den Film gesehen, der Sie veränderte? Wie sah damals Ihr Leben aus?

Epilog 1: Witz und Film

Sich gegenseitig Witze erzählen war noch bis zur Mitte des 20. Jahrhunderts ein häufiges Freizeitvergnügen, das so manchen geselligen Abend bereicherte. Fast jeder kannte ein, zwei Witze, die er zum Besten geben konnte. Manche Mitmenschen verfügten über ein umfangreiches Repertoire an Witzen, mit dem sie Freunde und Bekannte unterhielten. Die Anzahl dieser Witzeerzähler – meist waren es Männer – ist zurückgegangen. Ersetzt durch Reels in den Sozialen Medien, Filmkomödien sowie Kabarettisten und Comedy Shows im Fernsehen. Ein schleichender gesellschaftlicher Wandel, den wir alle kaum oder sogar gar nicht bemerkt haben. Wie sollten wir auch, wenn wir durch all die weitergeleiteten WhatsApp-Mitteilungen und die lustigen Filmchen von Instagramm oder TikTok etc. auf Trab gehalten werden.

Der Wahrheit und Vollständigkeit halber sei jedoch erwähnt, dass nach einer Kaskade von erzählten Witzen es damals oft schwierig war, mit der Kommunikation in der geselligen Runde wieder in einen lockeren und natürlichen Gesprächsfluss zu kommen. Zur Wahrheit gehört ebenfalls, dass eine Reihe der damals erzählten Witze aus heutiger Sicht als anstößig, beleidigend, sexistisch oder sogar rassistisch eingeschätzt würden.

Epilog 2: Psychoanalyse und Kino

Zu dem von mir behandelten Aspekt der Filmwelten, nämlich warum wir Filme schauen und auf welche Art und Weise sie uns verändern, existieren in der psychoanalytischen Fachliteratur erstaunlich wenige Ausarbeitungen. Die auffindbaren psychoanalytischen Analysen fokussieren oft nur auf eine einzige Erklärung. Eine vom Genre losgelöste, zusammenfassende Darstellung mehrerer denkbarer Erklärungsansätze konnte ich zu meinem Erstaunen nicht finden.

Es gibt drei typische Herangehensweisen, wie die Psychoanalyse und die Tiefenpsychologie sich mit Filmen beschäftigen:

- **Psychoanalytische Deutung des Filmgeschehens**
  Das Geschehen im Film wird mit Hilfe psychoanalytischer Theorien erklärt und psychoanalytisch gedeutet.
- **Veranschaulichung psychoanalytischer Theorien durch Filme**
  Filme werden genutzt, um psychoanalytische Theorien anhand des Filmgeschehens zu verdeutlichen.
- **Filme als vermeintlicher Beweis psychoanalytischer Theorien**
  Spannend, aber kritisch zu bewerten: Ein Film wird genutzt, um den Wahrheitsgehalt einer psychoanalytischen Theorie zu belegen. Dies ist allerdings unlogisch, da Spielfilme stets erfundene Fiktion sind und keine Realität widerspiegeln.

Nebenbemerkung: In Hinsicht auf eine Meinungsbildung ebenfalls kritisch zu sehen ist das verwandte Vorgehen, wenn ein Filmemacher im politischen Raum einen Spielfilm nutzt, um so auf soziale Missstände hinzuweisen, damit sich die Meinung der Zuschauer über ein bestimmtes Thema ändert. Auf Basis der erregten Gefühle kann es durchaus gelingen, die erwünschte Meinung bei den Zuschauern zu zementieren, etwa dass der Kapitalismus unmenschlich oder der Sozialismus verderblich ist. Der Filmemacher mag damit ethisch gesehen ein hehres Ziel verfolgen, aber es bleibt doch Manipulation.

Eine Metapher kann die bisherige Herangehensweise der Psychoanalyse an die Filmwelten verdeutlichen: Wenn wir einen Meter psychoanalytischer Filmanalyse betrachten, entfallen circa 80 cm auf die Interpretation von Filmen, 12 cm auf die Veranschaulichung psychoanalytischer Theorien mit Hilfe von Filmen, 6 cm auf den Versuch, psychoanalytische Theorien durch Filme zu begründen, und 2 cm auf die Analyse der psychischen Ursachen, warum wir überhaupt Filme anschauen.

Epilog 3: Das Dilemma der psychoanalytischen und tiefenpsychologischen Filmtheorie

Einer der Gründe, warum die Psychoanalyse so wenig direkt verwertbaren Input liefert, liegt in einer selbstverschuldeten Krise, welche die Relevanz der Psychoanalyse zu untergraben droht.

Die Psychoanalyse hat zweifellos große Verdienste, was die Bereitschaft und die Fähigkeit betrifft, die menschliche Psyche zu verstehen. Doch der aktuelle Status quo der Psychoanalyse ist problematisch: In der Psychologie entstehen zahlreiche neue Therapieschulen, von denen manche viel Anerkennung und Bekanntheit gewinnen. Im Gegensatz dazu spielen gesellschaftlich wahrgenommene Innovationen der Psychoanalyse in der Weiterentwicklung des Verständnisses von Menschen und in der Behandlung von Neurosen kaum eine Rolle.

Aktuelle Probleme unserer Gesellschaft, Phänomene unserer Zeit, z. B. Medienkonsum, werden immer seltener mit Hilfe psychoanalytischer Erklärungsmodelle analysiert.

Die Sackgasse, in der sich die psychoanalytische Theorieentwicklung befindet, hat meines Erachtens mindestens fünf Ursachen:

- Eine Flut vermeintlich relevanter, neuer Theorieelemente
Es gibt eine Vielzahl von Psychoanalytikern, die neue Theorieelemente entwickeln, oft verbunden mit der Hoffnung, dass diese eng mit ihrem eigenen Namen verknüpft bleiben und sie so überleben. Diese Fragmentierung erschwert eine kohärente Weiterentwicklung unter anderem, weil gleichzeitig keine Verdichtung der psychoanalytischen Theorie stattfindet.
- Ein Mangel an Psychoanalytikern, die Wissen in ein einziges, ganzheitliches System integrieren wollen
Es mangelt an Psychoanalytikern, die bereit sind, bestehendes Wissen zusammenzuführen und in einem umfassenden, kohärenten System zu integrieren. Diese ganzheitliche Verdichtung kann nur sehr umfassend sein. Sie müsste eine sehr gute Strukturierung aufweisen sowie auf sehr professionelle Art und Weise verschiedene Auffassungen verdeutlichen. Sie wäre ein Mammutwerk, aber allemal viel besser als das totale Tohuwabohu, was die Psychoanalyse gegenwärtig kennzeichnet.
- Komplexität und Unzugänglichkeit vieler Werke
Zu viele Psychoanalytiker, die sich in ihren Büchern in einem paradiesischen Labyrinth komplizierter und kompliziert ausgedrückter Gedankengänge wohlfühlen. Autoren, die wenig an den Leser denken und ein geringes Interesse verspüren, sich gut strukturiert und verständlich auszudrücken. Dies geschieht nicht unbedingt aus Böswilligkeit, Arroganz oder Narzissmus. Einmal auf die schiefe Ebene ihrer Formulierungen geraten, rutschen sie, ohne es zu wollen oder zu bemerken, immer tiefer in den Schlund der Unverständlichkeit.

- Zu viel Ignoranz gegenüber psychologischen Erkenntnissen außerhalb der Psychoanalyse
Viele Psychoanalytiker zeigen oft nur geringes wissenschaftliches Interesse an Erkenntnissen aus anderen psychologischen Disziplinen. Dadurch werden wichtige Aspekte, die zur Klärung bestimmter Fragestellungen beitragen könnten, zu sehr vernachlässigt.
- Geringe experimentelle Überprüfbarkeit psychoanalytischer Theorien
Die experimentelle Verifizierung psychoanalytischer Theorien ist nach wie vor eine große Herausforderung, was die Akzeptanz ihrer Ansätze in der breiteren Wissenschaftsgemeinschaft erschwert.

GPSR Compliance
The European Union's (EU) General Product Safety Regulation (GPSR) is a set of rules that requires consumer products to be safe and our obligations to ensure this.

If you have any concerns about our products, you can contact us on

ProductSafety@springernature.com

In case Publisher is established outside the EU, the EU authorized representative is:

Springer Nature Customer Service Center GmbH
Europaplatz 3
69115 Heidelberg, Germany

www.ingramcontent.com/pod-product-compliance
Lightning Source LLC
LaVergne TN
LVHW020348260326
834688LV00045B/1605

9 783662 715536